Promesas Rotas

Novela inspirada en hechos de la vida real

SONIA B. F. ARIAS

Editorial
Armenver

Aclaración

Para la información de los lectores de la novela Promesas Rotas, los personajes de la novela así como los eventos que toman lugar en la historia, son producto únicamente de la imaginación de la autora.

Cualquier semejanza física o concerniente a la personalidad de los personajes con alguna persona o personas de la vida real es coincidencia.

Indice

DEDICATORIA

A Dios, por su inspiración en escribir una novela que envuelve un problema social que ataca a las familias constantemente y que servirá de ayuda a muchos.

A la memoria de mi madre, quién fue la primera lectora de "Promesas Rotas" cuando yo recién escribía los primeros capítulos de la historia.

A mi padre, a mis hijos, mis nietos, a todos mis amigos y familiares que me dieron su apoyo incondicional para que su publicación se llevara a cabo.

A las víctimas del albergue de violencia doméstica, donde trabajé por varios años y que por razones obvias no puedo mencionar sus nombres. Gracias a todas ellas por darme la oportunidad de brindarles mi ayuda y consejería. Un sincero agradecimiento a todas ellas por haberme permitido guiarlas a empezar una nueva vida libre de cualquier tipo de abuso.

PREFACIO

Promesas Rotas es una novela del género ficción que presenta el ciclo de la violencia doméstica a travez del argumento proyectado por sus personajes, Diego y Roxana.

Esta joven pareja viven una vida normal; se conocen en un pueblo pequeño, donde Diego llega a hacer la práctica como profesor de ciencias. Roxana Jimenez es una de sus alumnas.

Diego tuvo una relación en el pasado en la cual desarrolló un historial de violencia doméstica sobre la cual Roxana desconoce los detalles.

A Roxana en un principio hasta le parece divertido el sentirse controlada por su marido. Poco a poco se da cuenta que la personalidad de Diego la está destruyendo emocionalmente y que el control avanza a pasos agigantados conforme pasa el tiempo.

Promesas Rotas es una novela que intenta abrir los ojos de las víctimas y también de los abusadores por medio de los eventos que toman lugar en la historia y deja al descubierto los cuatro tipos de abusos que pueden darse en una relación.

El abuso físico, verbal, mental y sexual en la vida diaria de esta pareja revelan al lector el ciclo de la violencia doméstica y las graves consecuencias que este comportamiento trae a la sociedad y a las familias que lo sufren.

En la historia no se menciona ningún país o ni ninguna ciudad en especial. Diego y Roxana pueden ser ciudadanos de cualquier lugar del mundo, dejando así demostrado que la violencia doméstica puede ocurrir en cualquier raza, edad ó nación de nuestro planeta.

La historia tiene un final dramático que atrapa al lector y estimula sus emociones escalando en suspenso para finalmente desembocar en un evento inesperado dejando un gran impacto en sus lectores.

Promesas Rotas puede ser material para una película de suspenso, telenovela o drama teatral, donde el abuso doméstico es el tema principal. La novela contiene un gran mensaje para las víctimas y sus abusadores, y es recomendada para jóvenes y adultos en su edad madura de cualquier estado civil.

Promesas Rotas intenta guiar a los lectores a identificar las características del ciclo de la violencia doméstica y los tipos de abuso que podrían darse en cualquier relación de pareja donde la comunicación efectiva está ausente.

AGRADECIMIENTOS

A la Licenciada Irene Gutiérrez Jiménez, especialista en psicología de géneros, por sus comentarios objetivos con enfoque psicológico, desde el punto el punto de vista femenino.

Al Licenciado Carlos Mauricio Fernández Marín, especialista en psicología de relaciones humanas, por su análisis psicológico desde el punto de vista masculino.

A mi hijo Alejandro por el diseño gráfico de la portada y por sus sugerencias en cuanto a la edición de la historia.

A mi hija Glorianna por su asesoría sobre la publicación y promoción de la novela, planes de mercadeo, diseño del sitio www.promesasrotaslibro.com y por su contribución a la edición del libro.

A mi hija Andreína, dueña del popular sitio en el internet *www.mis-remedios-caseros.com*, por la asesoría en cuanto al uso de Word Press y al escogimiento de la portada del libro.

A mi hijo Adrián por su apoyo incondicional como editor de la obra, y por su valiosa contribución en el desarrollo de la historia y el carácter de los personajes.

A mi papá Fernando Brenes Aguilar, quien a la edad de noventa y dos años leyó la novela y me dictó porciones que accidentalmente se habían perdido y pudieron ser rescatadas gracias a su valiosa ayuda.

1

Cómo se conocieron

*E*ra el primer día de clases; los pasillos de aquel colegio ya resonaban con el bullicio de los estudiantes buscando sus aulas. El sonido de la campana anunció el comienzo del primer período y Diego escuchó las voces afuera en el corredor.

Aflojándose un poco la corbata, se levantó de su silla y puso sobre su escritorio el libro que había estado leyendo. Mientras miraba hacia la puerta esperando la entrada de los alumnos, Diego suspiró hondo para aparentar calma y compostura. Era su primer año como profesor de ciencias y naturalmente se sentía algo nervioso.

Un mar de ojos, se asomaron a la puerta en un instante. De pronto, Diego se encontró con los rostros   adolescentes

13

escudriñándolo a la misma vez. Conforme los estudiantes se dirigían a sus sillas, Diego trató de disimular el impacto momentáneo que le provocó el notar un par de ojos color almendra que habían atrapado su atención en un instante.

Al pasar lista se dio cuenta de que eran los ojos de Roxana Jiménez. La fecha de nacimiento al lado de su nombre indicaba que la estudiante tenía diecisiete años y además de ser su alumna, por su edad, era prohibida para él.

Aunque muchas de las estudiantes en su clase eran bonitas y bastante coquetas, lo que tanto le había atraído a Diego de Roxana era la sonrisa sutil que había escapado de sus labios al cruzarse sus miradas.

El rubor en las mejillas de ella le había demostrado a Diego que la atracción, sin lugar a dudas había sido mutua. Sin embargo, él sabía perfectamente que su lugar de trabajo no era el apropiado para pensar en esas cosas.

Desde aquel día, Diego sería el Profesor González, y lo que menos quería él era arriesgar una carrera tan prometedora. Por eso, apartando sus pensamientos, dijo con voz segura: — Buenos días y bienvenidos a su último año de secundaria—les dijo con una indiferencia fingida, mientras trataba por todos los medios de ignorar la resequedad de su garganta y los latidos acelerados de su corazón.

Para Diego era algo fácil captar la atención femenina por su buen parecido. No eran en vano las horas que pasaba levantando pesas en el gimnasio para esculpir con intenso sacrificio su cuerpo atlético.

Guardar las apariencias era algo que estaba en primer lugar en la lista de prioridades de Diego. Es por eso que cualquiera que lo conocía, lo describía como un muchacho distinguido y apuesto. Era un joven, elegante y siempre lucía muy bien vestido, su tez blanca y una peculiar distinción no permitían que pasara desapercibido en ningún lugar.

Sus ojos color miel, se complementaban con su pelo castaño oscuro, el cual combinaba muy bien con el color de su piel. El problema que Diego tenía que enfrentar en aquel momento era que, como profesor, se vería obligado a reprimir muy bien sus hábitos de conquistador, ya que lo menos que le interesaba era provocar habladurías en los alumnos, o aun peor comentarios entre sus colegas.

Su conducta a partir de aquel momento debería ser intachable ante todos. Tragando en seco por la presión que le causaba el contemplar aquella gran responsabilidad, Diego escribió su nombre y sus credenciales en el pizarrón para luego proseguir con la lección que había preparado la noche anterior: —Bien, muchachos, hoy vamos a comparar la estructura del átomo con la estructura del sistema solar. Veamos cuales características son similares entre ambos—.

Varias manos se levantaron de inmediato para ofrecer sus opiniones, pero Diego estaba tan concentrado en observar de reojo a Roxana, que todos los comentarios de los demás estudiantes sonaron como ecos inentendibles a sus oídos. Lo que más le intrigaba a Diego de aquella estudiante era su personalidad tan dulce, ingenua y sobre todo tan natural.

Con sus escasos veintitrés años de edad, Diego había tenido tantas mujeres que ya hasta había perdido la cuenta. Las conocía a todas como la palma de su mano. Las tímidas, las atrevidas, y las que cobraban por sus servicios.

Lo que menos le costaba en la vida a Diego González era atraer mujeres. El nunca se había imaginado que esto le iba a suceder a él en su primer día de trabajo. Hoy no tenía otra opción que vestirse con una coraza protectora de seriedad ante sus estudiantes. Tratando de concentrarse en su trabajo Diego continuó diciendo:—Muy bien, muy bien. ¿Alguien más?—

Diego González respondía mecánicamente a los que ofrecían sus comentarios, aunque dentro de sí, en lo único que pensaba era en la dulce jovencita que se había sentado en una esquina y no participaba de aquella discusión.

Era un riesgo demasiado alto el que corría al darle cabida a sus pensamientos, pero el tipo de muchacha que el veía en Roxana era lo más irresistible para el, tímida y modesta, pero sobre todo inocente. No parecía una joven frívola ni superficial como las mujeres que normalmente se le ofrecían a Diego.

Roxana Jiménez era una muchacha delgada, con sus curvas muy bien formadas, sus cabellos lisos y negros que caían en cascadas sobre sus hombros.

Tenía una belleza hechicera, y en su rostro se reflejaba una candidez de niña cada vez que reaccionaba con risillas a los secretos que sus compañeras le susurraban al oído. Esto era algo que había fascinado a Diego. Sus labios bien formados y cejas arqueadas la hacían comparable a las legendarias actrices del cine clásico.

De pronto se escuchó la campana y los alumnos se levantaron de sus lugares para trasladarse a las otras aulas. Roxana junto a tres de sus compañeras, ajena a los pensamientos de aquel profesor de ciencias, se dirigió hacia la puerta del aula, siguiendo al resto de la clase.

Con mucha discreción, Diego buscó su mirada una última vez mientras ella se apresuraba a salir del aula. —Que tengan un buen día—exclamó Diego con la esperanza que Roxana talvez se voltearía para sonreír.

Ella, hablando con sus amigas, no escuchó la voz de él y organizando los libros que cargaba en su mochila desapareció entre la multitud sin decir palabra.

En ese momento, Diego comprendió que su vida jamás iba a ser la misma. El se conocía muy bien. Cuando se encaprichaba con una muchacha no lograba quitársela de la mente. Sin embargo, sabía que con Roxana no iba a poder actuar de la manera que lo hacía con las demás mujeres.

Horas más tarde, Diego se encontraba en la parte trasera de la biblioteca, preparando los materiales para su próxima clase, mientras esperaba que una de las asistentes desocupara la máquina copiadora.

Diego se paseó por el corredor de las revistas para ver si encontraba alguna publicación que le podía interesar. Al llegar al extremo del pasillo, se encontró con varias cajas de cartón llenas de libros. Las cajas estaban en el piso contra la pared. Diego

16

notó que las etiquetas en cada una de las cajas decían: " Libros descontinuados."

Por encima del hombro, miró hacia atrás y observó que la copiadora todavía estaba ocupada, de forma que se encogió de hombros y se dispuso a examinar los títulos de los libros. *"Quizás halle alguno que me sirva de algo para compartir con mis alumnos"*, pensó.

Solo le tomó unos pocos minutos descubrir que su búsqueda no había sido en vano. Uno de los libros que halló dentro de las cajas era el anuario del año anterior. Sin pensarlo dos veces, miró hacia todos lados y apresuradamente pasó las páginas hasta que al fin encontró lo que buscaba. La foto de Roxana Jiménez.

Por un breve instante, quedó tan ensimismado al contemplarla, que le pareció que el mundo a su alrededor se había detenido. Mientras miraba la foto con detenimiento, evocaba dentro de sí la memoria de aquel sublime momento en que la había visto por primera vez.

Agradeciéndole al destino por tan afortunada coincidencia, Diego dobló la esquina de la página para marcarla y sin pensarlo más, se apoderó del anuario como si fuera un trofeo de oro puro.

Cerrando con gran cuidado el preciado libro, lo puso bajo su brazo y regresó al área donde estaban las máquinas copiadoras. Su corazón rebosaba de felicidad al pensar en toda lo que averiguaría aquella noche sobre Roxana.

Ahí probablemente se encontraba información sobre cuales eran sus amigas, sus actividades extracurriculares, sus talentos, si tenía novio, o si jugaba algún deporte.   Una infinidad de respuestas encontraría en aquel libro y Diego se moría de impaciencia por llegar a su casa.

Su alegría duró muy poco. Justo cuando se acercaba a la copiadora, se encontró frente a frente con Víctor Rojas, un colega y amigo personal, de su infancia.

Víctor era el jefe del Departamento de Ciencias de la institución. En otras palabras, era su supervisor inmediato. El mismo lo había recomendado con el director del colegio para que Diego pudiera realizar sus dos años de práctica en ese colegio.

Al ver a su amigo Víctor dijo con entusiasmo: —¡Diego! — al mismo tiempo que extendía sus brazos para saludarlo.

Todo sucedió tan rápido, que simplemente Diego no tuvo tiempo para esconder el anuario en algún lugar. —Víctor, ¡qué sorpresa!—dijo nervioso mientras lo abrazaba. Fue en ese momento cuando por accidente se le resbaló el anuario y antes que pudiera evitarlo, el libro cayó al suelo, donde quedó expuesto a la mirada un poco confundida de su amigo Víctor.

Diego quedó petrificado y sin saber qué decir. Por su mente pasaron mil excusas que podría haber inventado en aquel momento pero sabía perfectamente que era inútil tratar de ocultarle cosas a Víctor, ya que éste lo conocía demasiado bien. Desde niño, Víctor siempre había tenido la fastidiosa habilidad de leerlo aún mejor que si fuera un libro abierto.

Visiblemente extrañado, Víctor se agachó para recoger el anuario, pero, en vez de entregárselo a Diego, se puso a examinarlo brevemente.

Como era de esperarse, Víctor rápidamente descubrió la página que Diego había marcado, por lo cual comentó en un tono algo sarcástico: —Vaya, vaya, hombre, precisamente te iba a preguntar cómo te iba en tu primer día de clases, pero me doy cuenta de que ya andas bastante interesado en conocer a tus alumnos, mejor dicho a tus "alumnas" —.

Diego un poco preocupado al oir los comentarios de su amigo dijo mirando a todo lado: —¡Shhh! Baja la voz, hombre—protestó Diego y prácticamente arrebató el anuario de las manos de su amigo. Aunque Víctor no dijo palabra, Diego pudo notar en sus ojos un brillo que le decía a él, que su descubrimiento no le había gustado para nada.

Diego, no tuvo otra opción que resignarse a que, tarde o temprano, iba a tener que confesárselo todo a Víctor. Así que sin perder más el tiempo, no se anduvo con rodeos y le dijo en voz baja: —Tenemos que hablar. Necesito tu consejo—.

Dejando escapar un suspiro de frustración, Víctor colocó su mano sobre el hombro de su amigo. Luego, negando con la cabeza en gesto de desaprobación, murmuró: —Diego, Diego, ¿qué voy a hacer contigo? Espero que no sea lo que imagino—.

Esa tarde, al ponerse el sol, Diego invitó a Víctor a un bar que se encontraba en las afueras del pueblo para celebrar su primer día como profesor en aquel colegio. Sentados tomando cerveza, reían a carcajadas mientras recordaban viejos tiempos.

Hasta el momento, Diego no había tenido la valentía de sacar el tema del anuario. Había estado esperando a que Víctor tomara un poco más de licor y se relajara para que pudieran discutir sobre el tema el cual Diego sabía era muy delicado.

Conocía a su amigo como la palma de su mano y sabía que sería mucho más fácil para él iniciar la conversación que le interesaba, una vez que a Víctor se le subieran los tragos a la cabeza.

Sin embargo, pronto se dio cuenta de que ni siquiera los efectos del alcohol iban a servirle de aliados en aquel momento. Por más que insistió en invitarlo a tomar otra copa más, éste se rehusó con firmeza y adoptó un tono serio.

Por eso, con mucho tacto y diplomacia, Diego tomó la iniciativa. A pesar de que su voz reflejaba nerviosismo, dijo en tono serio: —Escucha, Víctor, quiero hacerte una pregunta confidencial, sé que en ti puedo confiar, me has dado tu apoyo siempre en lo que he necesitado. Quiero preguntarte si alguna vez tuviste de alumna a una muchacha que se llama Roxana…Jiménez. Si… Jiménez es su apellido—.

Víctor lo miró visiblemente disgustado y a secas contestó: —Si Diego, ella fue mi alumna cuando estaba en tercer año de secundaria—

Poniéndose un poco más serio y carraspeando inmediatamente añadió: —Mira Diego, tú eres mi amigo y sabes que nunca te aconsejaría nada que te fuera a perjudicar. Yo mismo te recomendé con el director del colegio para que hicieras tus dos años de práctica bajo mi supervisión; sin embargo vamos a dejar nuestra amistad a un lado en este momento y te voy a hablar como tu jefe—.

19

Diego observó en la mirada seria de su amigo que éste no estaba en la disposición de ayudarlo. Víctor continuó diciendo: —Si estoy en lo correcto, lo que me quieres decir es que a ti te gustó Roxana; quiero advertirte que una posible relación amorosa con una estudiante es absolutamente inaceptable en esta institución—.

Diego bajó su cabeza avergonzado, mientras escuchaba a su amigo, quien hoy le hablaba en calidad de su supervisor: —Creo que las razones que te daré deben parecerte obvias, sin embargo, te las voy a confirmar. Roxana es tan solo una niña de escasos diecisiete años y además es tu alumna. Al ser una menor de edad sus padres u otros profesores te pueden acusar de acoso sexual y eso sería el final de tu carrera como profesor, no solo en este país sino a nivel internacional—

Diego visiblemente nervioso lo interrumpió. Se notaba un poco disgustado cuando se atrevió a decir: —Hombre, tampoco es para tanto, yo soy incapaz de faltarle el respeto, no te niego que me atrajo mucho, no me vas a negar que la chica es preciosa, pero yo tengo perfectamente claro cual es mi lugar como su profesor y como comportarme con mis estudiantes—.

Luego acomodando un poco su silla, agregó: —Me molesta un poco que me hables así. Yo nunca cruzaría esa línea que existe entre el profesor y su alumna, así que no me juzgues. Simplemente te preguntaba si la conocías—.

Víctor, con el afán de terminar aquella conversación que lo hacía sentirse incómodo dijo antes que Diego continuara hablando: —Mira Diego me tengo que ir, olvidé algo en el colegio y tengo que llegar antes que se vayan los empleados que limpian, pero cuídate, solo quise darte una advertencia, eres mi amigo y además te considero un excelente profesor. Me preocupó mucho que me preguntaras por Roxana pues aunque no fuera menor de edad solo por el hecho de ser tu alumna está prohibida para ti—.

Ya casi en la puerta del bar, Víctor levantó su dedo índice como en forma de advertencia mientras decía: — Además, Roxana es hija de don Rodrigo Jiménez. Sé que no tienes idea de quien te hablo, pero es un hombre muy influyente en este pueblo. Es miembro de la junta de padres y muy estimado por nuestro director pues ha dado grandes donaciones para la compra de libros de nuestra biblioteca—.

Como vió que había captado la atención de Diego, Víctor continuó diciendo: —Según corren los rumores en el pueblo, los hombres que trabajan para él, tienen muy poca tolerancia con las personas que se interponen en su camino.   Aunque nunca se ha podido probar nada en su contra, han ocurrido algunos crímenes en el pueblo que han quedado impunes y varias personas comentan que los hombres que trabajan para don Rodrigo, estuvieron envueltos en esas muertes—

Mientras dejaba el lugar, Víctor palmeó el hombro de su amigo y añadió con voz amigable y con una sonrisa en sus labios: —Así que no permitas que algo tan estúpido como poner tus ojos en Roxana Jimenez, dañe tu carrera.   No vale la pena.   Si bien es cierto que es una linda muchacha, no debes estropear tu futuro como profesor, por sentirte atraído por ella—.

Diego quedó sin palabras, sin embargo antes de despedir a su amigo dijo: —Gracias por tus consejos, perdóname si me exalté un poco, tu eres un gran amigo pero no te preocupes por mí. Como te dije yo sé perfectamente el rol que tengo como profesor y cuales son mis límites. Nunca haría nada que truncara mi carrera. Mi delirio es enseñar y por nada del mundo voy a arriesgarme—.

Insistiendo y sin querer dejar ir a su amigo Diego agregó:— Antes que te vayas, por simple curiosidad, quiero preguntarte algo, el puente que acaban de construir a la entrada del pueblo, lleva el nombre de Rodrigo Jiménez.   Estamos hablando de esa misma persona? —

Víctor casi a punto de subirse a su vehículo contestó: —Si, Diego, efectivamente, don Rodrigo donó el material para que ese puente se construyera, por eso lleva su nombre, ahora, adiós me tengo que ir.   Ahí te veo mañana, cuídate viejo, ya estás advertido—.

Aunque aquella conversación con Víctor había dejado muy preocupado a Diego, sus pensamientos obsesivos por Roxana habían aumentado desmedidamente. El saber que obstáculos tan grandes se interponían en su camino, lo hacían obsesionarse aún más con ella.

Pasaron diez días desde aquella tarde en que Diego había hablado con su amigo Víctor Rojas. Desde esa vez no se habían vuelto a ver.

Cierto día, aproximadamente a las tres de la tarde, Diego todavía se encontraba en la escuela calificando los primeros exámenes de sus alumnos de sétimo año.

De pronto, llamó su atención un bullicio de muchachos que se encontraban fuera. A Diego le pareció que dos de ellos estaban peleando. Para su sorpresa cuando se acercó al grupo, miró a Roxana llorando desconsoladamente.

Al verla, Diego apresuró sus pasos y poco antes de llegar al grupo gritó con voz fuerte: —Qué está pasando aquí? —. Los muchachos que estaban haciendo ronda, salieron corriendo cuando lo vieron. Diego sin pensarlo dos veces se interpuso en el medio de los dos muchachos que peleaban y tomándolos de un brazo los separó con fuerza de inmediato.

Reconoció a uno de los dos niños que participaban de la riña como uno de sus alumnos. Al ver a Roxana abrazando y consolando a aquel muchacho, Diego conectó el apellido de Federico con Roxana. Claro, como no lo había pensado antes. Era su hermano.

Ya hablaría con él al día siguiente. Por ahora le interesaba saber que había ocurrido y porque Roxana lloraba de aquella manera.

Diego se acercó a ella y le preguntó: —Qué pasa Roxana, está usted bien? —. Ella intimidada por sus palabras no contestó pero afirmó con su cabeza.

Cuando pudo hablar dijo tímidamente: —Profesor, hay un compañero de mi hermano que siempre lo provoca a la salida de clases. Mi papá le dijo que la próxima vez que lo hiciera, mi hermano lo debería golpear y eso fue lo que Federico acaba de hacer. Yo traté de separarlos pero no lo logré y me asusté mucho que mi hermano saliera mal herido de la pelea—.

Antes de despedirse, Diego tranquilizó a Roxana diciéndole: —Si alguna vez, vuelve ese muchacho a provocar a su hermano, hágamelo saber de inmediato y yo tomaré medidas para que no vuelva a suceder—.

Roxana le agradeció con una sonrisa y se encaminó hacia su casa con Federico. Poco tiempo después que este incidente ocurriera, cierto día cuando Diego calificaba los exámenes de octavo año, se dio cuenta que seis de los estudiantes, habían obtenido una calificación inferior al sesenta por ciento en el exámen de química.

Tal como le había aconsejado Víctor, Diego se dispuso a contactar los padres de estos alumnos para comunicarles sobre la baja calificación de sus hijos. Abrió la gaveta izquierda de su escritorio y sacó una caja negra en la cual tenía unas tarjetas con la información de sus alumnos.

Fue en ese momento cuando Diego descubrió que uno de los estudiantes que tenía una de las calificaciones más bajas era Daniel Jiménez. Cuidadosamente miró la tarjeta de referencia y con una sonrisa en sus labios, comprobó que sus padres eran Rodrigo Jiménez y Lucía Castro. Esto le decía sin lugar a duda que aquel muchacho también era hermano de Roxana.

Su rostro se iluminó e inmediatamente marcó el número de la casa de la familia Jiménez. Roxana fue la que contestó el teléfono, él reconoció su voz femenina y dulce cuando dijo: —Casa de la familia Jiménez, con quien desea hablar? —.

Diego se sostuvo para no saludarla y disimulando enseguida preguntó: —Quien habla? —. Con la timidez que la caracterizaba, ella contestó: —Soy Roxana, con quien desea hablar? —.

Diego aprovechó aquel momento y con una voz muy profesional dijo: —Hola Roxana, habla el profesor González necesito hablar con su papá o su mamá—.

Como ella quedó en silencio por unos segundos, Diego inmediatamente agregó: —Es con respecto a Daniel, su hermano.

Diego escuchó perfectamente cuando Roxana dijo: —Un momento, profesor. Mamá!! es para ti, el profesor de ciencias quiere hablar contigo—.

Diego esperó unos segundos y cuando doña Lucía vino al teléfono, la saludó muy atento y agregó inmediatamente: —Buenas tardes, es la señora de Jiménez? —.

Ella amablemente contestó: —Si, profesor para servirle—. Ahí fue cuando Diego tuvo la oportunidad de decirle a la madre de Roxana, el motivo de su llamada: —Mucho gusto señora, habla el profesor González, como está? —.

Doña Lucía lo saludó amablemente mientras Diego continuó diciendo: —Mi llamada es concerniente a Daniel. Deseo informarle que su hijo, en su primer examen de química obtuvo una calificación muy baja y como profesor es mi obligación informarle a los padres de mis alumnos cuando ésto ocurre—.

Doña Lucía lo escuchaba atentamente y cuando él terminó de hablar, ella añadió: —Le agradezco mucho profesor, le comentaré a mi esposo lo que usted me ha dicho sobre Daniel—.

Sin titubear ni por un momento la madre de Roxana siguió diciendo: —Probablemente mi esposo lo llamará mañana. Para él es muy importante que nuestros hijos estudien y estoy segura que va a encontrar la solución a este problema—.

Diego al escuchar esto, dijo de inmediato: —Precisamente mi llamada es para informarle que los martes y jueves yo me quedo en mi aula después de la escuela para ayudar a mis alumnos que están atrasados—

Con tono profesional, Diego continuó diciendo: —Si usted conversa con su esposo y él está de acuerdo, Daniel puede quedarse una hora extra esos dos días. De esa manera yo lo podré ayudar a que obtenga una mejor calificación en su próximo exámen—.

Doña Lucía lo escuchaba atentamente mientras Diego proseguía: — Dígale a su esposo que para poder ayudar a Daniel él tendrá que firmar una autorización que yo entregaré al director. Eso es lo único que necesito para que a partir de la próxima semana Daniel pueda quedarse después de clases—.

Diego percibió en la voz de la madre de Roxana que estaba realmente agradecida con su ofrecimiento al escucharla decir: —Muchas gracias profesor, se lo comunicaré a mi esposo y estoy segura que Rodrigo aceptará gustoso la ayuda que usted le ofrece a mi hijo—.

Diego se despidió de ella cortésmente y acordaron que Daniel al día siguiente traería la respuesta sobre la decisión que había tomado su papá.

Dos días más tarde, cuando Diego estaba a punto de irse a su casa, vio venir a Daniel acompañado de don Rodrigo, de su hermano menor Federico y de Roxana.

Todos entraron en su aula y don Rodrigo se presentó con Diego extendiéndole su mano mientras decía: —Mucho gusto, profesor, mi nombre es Rodrigo Jiménez, me dijo mi esposa que usted llamó a la casa hace un par de días. Aquí traigo la carta en la que autorizo a mi hijo para que se quede una hora extra después de clases, los martes y los jueves—.

En tono serio y con una personalidad un poco arrogante, Rodrigo Jiménez continuó hablando: —Entiendo que es responsabilidad suya que mi hijo aprenda la materia que usted enseña, por lo tanto lo pongo en sus manos y espero que de ahora en adelante él mejore sus calificaciones—.

Diego escuchaba atento a don Rodrigo, de pronto sus ojos se encontraron por fracciones de segundo frente a Roxana quien indiferentemente hablaba con sus hermanos sentada en uno de los pupitres muy cerca de donde él se hallaba hablando con su padre. Como volviendo en si, regresó su atención a la conversación y extendió su mano hacia don Rodrigo, mientras le decía: —No debe preocuparse, señor Jiménez, yo me aseguraré personalmente que su hijo mejore notablemente su calificación. De todas maneras será un gusto para mi mantenerlo informado sobre su progreso—.

Diciendo estas palabras, Diego los acompañó hasta la puerta del colegio, al mismo tiempo que dijo: —Es un gusto haberlo conocido don Rodrigo, cuando quiera puede llamarme a este número— . Diego extendió su mano con una tarjetita en la cual estaban escritos sus números privados.

Nuevamente ambos estrecharon sus manos y cuando Rodrigo Jiménez estaba a punto de subir a la camioneta miró a Diego a la vez que añadió: —Es usted nuevo en el colegio profesor? Nunca lo he visto antes en el pueblo. Vive aquí o viaja desde la ciudad? —.

Diego sonrió y contestó sin titubear: —Estoy haciendo mi práctica docente en este pueblo pero vivo en la ciudad. Viajo diariamente hasta aquí, pero estoy pensando en rentar un lugar cerca de la escuela por estos dos años—.

Cuando ya había encendido el motor de su camioneta don Rodrigo agregó: —Tengo varias casas que rento y me van a desocupar una el próximo mes. Está situada a menos de cinco minutos de la escuela y creo que se ajustaría a sus necesidades— .

Al oír esto, el rostro de Diego se iluminó y dijo despreocupadamente: —Claro, don Rodrigo, me interesa mucho esa casa, vivo solo y sería ideal no tener que manejar desde la ciudad pues el tránsito en horas de la mañana es muy pesado. Por favor déjeme saber cuando se desocupe para irla a ver y tomar una decisión—.

Don Rodrigo, movió su mano para decirle adiós, no sin antes agregar: —Por supuesto, profesor, estaremos en comunicación, yo le dejaré saber cuando la casa esté lista para que usted la pueda ver—.

Diego complacido, sacó un cigarrillo de su cajetilla y fumó tranquilamente. Luego, apresuradamente dirigió sus pasos a su auto y poniéndolo en marcha emprendió su camino a la ciudad.

Vivía en un condominio de lujo que había comprado cuando había estado comprometido meses atrás con su ex novia, Lydia Parisio, una joven enfermera.

Aunque todavía le dolía un poco que sus planes de boda se hubieran truncado, él trataba por todos los medios de olvidar aquella relación que había traído a su vida tanto dolor.

Hoy, se sentía un poco mejor, pues el conocer a Roxana lo había distraído en cierta manera. La oportunidad que se le daba de ir a vivir a aquel pueblo lo ayudaba con la meta que se había propuesto aunque fuera a largo plazo, de conquistar el corazón de Roxana Jimenez.

Sin embargo le preocupaba un poco que aquel sentimiento por Roxana, se hubiera convertido en una obsesión. Mientras manejaba a la ciudad, no podía quitarse de su mente, el rostro y la mirada inocente de ella.

Era tan hermosa, hoy la había observado bien. De pronto el rostro de Diego ensombreció mientras pensaba… *por cierto, la he visto con un muchacho en los recreos; comen juntos en la cafetería. El otro día lo miré caminando junto ella a la salida de la escuela. Acaso será su novio? Es bien parecido el tal Raúl Herrera, juega con el equipo de baloncesto; el otro día traía puesta una camiseta con ese nombre…*

El siguiente martes, para la suerte de Diego, doña Lucía vino a recoger a Daniel después de sus clases. Entró en el aula de Diego junto a sus otros dos hijos Federico y Roxana. Con un rostro que reflejaba preocupación lo saludó un poco agitada.

A Diego le extrañó verla ahí pues siempre el que recogía a Daniel era su padre. Diego y don Rodrigo en varias ocasiones ya habían intercambiado algunas bromas y a él le agradaba hablar con el padre de Roxana. Sentía que la amistad que poco a poco se formaba entre ellos, lo acercaría cada vez más a ella.

La voz de doña Lucía lo sacó de sus pensamientos cuando dijo: —Buenas tardes profesor, cuanto siento el retraso; me da mucha pena con usted pero es que tuve que venir caminando a recoger a Daniel pues mi esposo tuvo un problema con su camioneta. Imagínese, se quedó atascada cerca del puente entrando al pueblo y parece que van a tener que remolcarla—.

Diego inmediatamente respondió con una pregunta: —Está alguien en camino para ayudar a su esposo? —.

Doña Lucía sin titubear respondió: —Ese es el problema precisamente, profesor, llamé a mi hermano Guillermo y su esposa me dijo que se encuentra fuera del pueblo comprando un ganado y no regresará hasta dentro de dos horas. Por eso vine yo misma a recoger a Daniel—.

Diego sin pensarlo dos veces añadió inmediatamente: —Doña Lucía se me acaba de ocurrir una idea, tengo unas cadenas en mi carro, que podrían ayudar a sacar la camioneta de su esposo de donde se encuentra atascada. Espéreme unos minutos mientras cierro la puerta de mi aula, es más si gustan suban a mi vehículo y ya regreso—.

Diego dirigiéndose a Daniel le entregó las llaves mientras le decía: —Toma Daniel, ayuda a tu mamá y a tus hermanos a subirse. Mi vehículo es un poco alto y vas a tener que ayudar por lo menos a tu mamá y a tu hermana—.

Lucía lo miró muy agradecida, mientras decía: —Ay profesor que pena, cuanta molestia. No tiene que hacerlo, mi esposo puede esperar hasta que mi hermano regrese—.

Diego sonriente le contestó: —No se preocupe en lo absoluto, doña Lucía, para mi no es ninguna molestia. Al contrario, es un placer poderlos ayudar. No me tomará mucho tiempo, se lo aseguro. Ya regreso para que nos vayamos al lugar donde su esposo se encuentra—

Don Rodrigo estaba cerca del puente que llevaba su nombre, Diego pensó que aquello era algo irónico que se hubiera atascado en aquel lugar. Después de saludarlo, sacó unas cadenas de su carro y atándolas a la camioneta de don Rodrigo logró sacar el vehículo de la zanja donde se hallaba.

Don Rodrigo, agradeció su gesto y después de conversar por algunos minutos, lo invitó que fuera a su casa el próximo sábado a la celebración de los dieciocho años de su hija Roxana. Diego aceptó gustoso y el sábado alrededor de las seis de la tarde se encontraba en casa de la familia Jiménez compartiendo con ellos una velada encantadora.

Roxana lucía hermosa, aquella noche, su cabello liso y brillante de color castaño oscuro caía graciosamente sobre sus hombros y espalda.

Vestía un traje color rosa adornado con perlitas que formaban los tirantes y el resto de los adornos del escote. Tenía puestos unos aretes y collar perlados que combinaban con las perlas de su vestido. En su cabello peinado a media cola, lucían unas cintas color rosa que hacían juego con el vestido. Sus hombros desnudos y su espalda al descubierto habían puesto a Diego en un estado de excitación e incontrolables deseos por aquella jovencita.

Logró disimular muy bien y esconder sus sentimientos como estaba acostumbrado a hacerlo, mientras conversaba con don Rodrigo.   Cuando éste se levantaba a servirse algún bocadillo o bebida, Diego aprovechaba para mirar a Roxana.

La observaba como bailaba y reía con sus compañeros del colegio.   Entre aquellos muchachos se encontraba Raúl Herrera, aquel joven al cual Diego había llegado a detestar.   Raúl había invitado a Roxana a bailar con él varias piezas.

En el parecer de Diego, aquel chiquillo, la acosaba continuamente tratando a toda costa de separarla del resto de sus amigos.   Diego se retorcía de celos al ver a Raúl bailando con ella mientras posaba sus manos sobre los hombros y la espalda desnuda de Roxana.

Le molestaba tanto verla bailar con Raúl que decidió irse temprano con el pretexto que tendría que viajar hasta la ciudad. Don Rodrigo insistió en que se quedara un rato más pero no lo pudo convencer.

Cuando estaba a punto de irse, Diego observó como Roxana se dirigía al corredor de la casa y se sentaba en una hamaca junto a Raúl y una de sus amigas.

Disimulando su enojo, se despidió de todos menos de ella pues no quiso interrumpir la conversación que mantenía con aquel tipo, quien frente a los ojos de Diego era tan repugnante.

Desde aquella fiesta en casa de Roxana, la amistad entre don Rodrigo y Diego se estrechó aún más.   Con cierta frecuencia la familia lo invitaba a tomarse una taza de café en su hogar.

Dos meses más tarde, Diego se trasladó a vivir a la casa del pueblo que don Rodrigo le había rentado.   Dejó su condominio cerrado pues no quería alquilarlo, era una unidad nueva la cual había amueblado a su gusto.

Diego era bastante delicado con sus objetos personales y no quería que los inquilinos dañaran lo que con tanto esfuerzo había comprado. Lo que hizo fue encargarle a su madre que lo limpiara por lo menos una vez por semana.

La amistad que se desarrolló entre Diego y los padres de Roxana se estrechó al punto que don Rodrigo consideraba a Diego uno de sus mejores amigos.

Mientras tanto sin que nadie sospechara, la obsesión de Diego por Roxana crecía día a día. El había aprovechaba todos los momentos que pasaba junto a su familia para hacerle bromas sutiles y coquetear con ella discretamente.

Así pasó el tiempo, Roxana por aquel entonces ya se había graduado y estudiaba en la escuela vocacional del pueblo.

Estaba comenzando su carrera como diseñadora gráfica. En cierta ocasión al encontrarla caminando sola hacia su casa, le ofreció acompañarla, mientras le cargaba sus pesados libros.

Cuando ella estaba a punto de cumplir sus diecinueve años, Diego ya se había dado cuenta que él no le era indiferente a Roxana. Por medio de Oscar, uno de sus alumnos, Diego se había enterado que Raúl se había ido lejos de aquel pueblo al morir su padre.

Hoy Raúl, estaba a cargo de la lechería de su familia. Su padre había muerto en un fatal accidente mientras arreglaba un tractor. Para Diego ya Raúl no era una preocupación y cada vez se sentía más seguro de que lograría conquistar el corazón de Roxana.

Una tarde al salir Diego del colegio, la vio en una tienda cercana comprando algunos víveres. Con paso seguro se acercó rápidamente a ella y aprovechó la oportunidad para ofrecerle acompañarla a su casa.

Cuando habían caminado cierta distancia, sin pensarlo más y deseando hablar con ella sobre sus sentimientos Diego la invitó a tomarse un refresco en un puesto público que se encontraba cerca del colegio.

Sentados en una banca rieron por un rato mientras él le hacía bromas tontas a las cuales ella respondía riendo coquetamente. En un momento en que nadie los estaba mirando, Diego tomó el rostro de Roxana suavemente entre sus manos y simplemente unió sus labios a los de ella y se dieron su primer beso el cual sellaba su noviazgo.

Diego tomó su mano entre las suyas y dijo: —Roxana, siento algo muyespecial por ti desde que te conocí y ya no quiero esconderlo más—. Roxana lo miró sonrojada como si aquella declaración la hubiera tomado por sorpresa y bajando su cabeza no dijo nada. Pasaron algunos segundos en que ninguno de los dos supo que decir.

Cuando pasó el momento en que ambos quedaran en un éxtasis de amor, Diego fue el primero en hablar: —Mira amor, quiero que hagamos las cosas bien, aprecio mucho a tu familia y por ningún motivo quiero disgustarlos y estropear la relación que existe entre ellos y yo. Vamos a tu casa ahora mismo; sé que don Rodrigo está ahí y aprovechemos la ocasión para decirles sobre lo nuestro—.

Roxana palideció y su rostro reflejó un terror repentino mientras dijo: —Profesor, me da mucha pena lo que ha pasado. Me dejé llevar por mis sentimientos. Yo también siento algo muy lindo por usted, pero mi papá no permitirá que yo tenga novio. Siempre me lo ha prohibido. El quiere que yo me gradúe del colegio vocacional y pueda ir a la ciudad a trabajar en una gran compañía de publicidad. Ese es su gran sueño y cree que no debo ocuparme en nada más que en mis estudios. Si usted le dice algo, se pondrá furioso con usted y conmigo también—.

Diego la miró tiernamente y la interrumpió diciendo con una gran sonrisa: —Roxana, por favor, no me digas profesor. Me haces sentirme como un viejo que te dobla la edad. Nada más nos separan seis años. Tampoco quiero que me trates de usted. Yo te amo, amor, entiende, el conocerte es lo mejor que me ha pasado en la vida. No temas por la reacción de tu padre, de eso me encargo yo. Tú simplemente limítate a escuchar lo que yo le voy a decir, no te preocupes amor, todo saldrá bien—

Roxana no dijo nada, lo miró sumisamente y sonrió. Aquella mirada le demostraba a Diego que sus sentimientos por él eran más fuertes que el temor que ella sentía al pensar en la reacción de su padre.

El realmente quería hacer las cosas correctamente así que tomándola de su mano, caminó con ella hacia la casa de don Rodrigo Jiménez.   Poco antes de llegar, Diego notó que Roxana soltó su mano. Diego la miró sonriendo y ambos aligeraron su paso para que Diego pudiera pedirle permiso a don Rodrigo de visitar a su hija en calidad de su novio oficial.

2

EL NOVIAZGO

*R*oxana era la hija mayor de Rodrigo Jiménez. Su padre no era un hombre fácil, Diego lo percibía como un individuo arrogante y a leguas se notaba que cuidaba mucho a su hija.

Sin embargo, Diego no sentía ningún temor de ser rechazado por sus padres. Todo lo contrario, al ser profesor en el pueblo y amigo personal de la familia, él se consideraba un excelente partido y no creía que ante los ojos de Rodrigo Jiménez, Roxana pudiera encontrar otra mejor opción que él en aquel pueblito.

Cuando al fin ambos entraron a la casa, Diego puso las bolsas sobre la mesa e inmediatamente saludó a los padres de Roxana y a su hermano Federico los cuales se encontraban en la sala en aquel momento.

Sin preámbulos, Diego se dirigió a ellos y para la sorpresa de ambos dijo con una sonrisa: —Don Rodrigo, me gustaría hablar con usted y su esposa por un momento—.

Roxana y Federico se retiraron a sus habitaciones y dejaron a Diego a solas con sus padres para que hablaran tranquilamente.

Don Rodrigo lo invitó a sentarse y atentamente lo escuchó decir: —Don Rodrigo, me considero amigo de su familia y siento por ustedes un inmenso respeto. Seré muy breve; desde hace tiempo siento algo muy especial por su hija Roxana y ella me corresponde. Tengo intenciones serias con ella y mi deseo es hacerla muy feliz. Quiero pedirle respetuosamente a usted y a doña Lucía que me permitan visitarla en su casa en calidad de novio—.

La casa quedó en silencio por unos segundos, don Rodrigo, lo miró un poco sorprendido aunque en la percepción de Diego, una sonrisa casi invisible se había asomado a los ojos de su amigo.

Carraspeando un poco, don Rodrigo rompió el silencio mientras decía:—Mira Diego, tu sabes que en mi familia te apreciamos mucho. Has sido el profesor de mis tres hijos y también te considero amigo nuestro. Pienso que eres un buen muchacho y por eso me cuesta oponerme a que cortejes a mi hija—.

Diego sonrió felizmente pero su sonrisa se apagó un poco cuando don Rodrigo continuó diciendo: —Sin embargo, "en pueblo chiquito, infierno grande" como dicen por ahí, y por nada de este mundo quiero que mi hija ande en boca de nadie. Por lo tanto, si deseas que apruebe tu relación con ella, tendrás que seguir mis reglas y condiciones al pie de la letra, las cuales no serán nada fáciles. Tú sabes que Roxana es mi única hija. Espero me entiendas como su padre que debo ser extricto con ella—.

Roxana quien se había ido a su cuarto, salió al escuchar las palabras de su padre. Diego la miró y le hizo señas indicándole que no tenía nada que temer y que viniera a sentarse a su lado.

Hacía un poco de calor aquella tarde, por eso don Rodrigo los invitó a salir con él al corredor de su casa mientras doña Lucía había ido a la cocina a preparar un refresco.

Sin esperar más don Rodrigo continuó: —Pues bien, y quiero que tu también escuches lo que tengo que decir— dijo dirigiéndose a Roxana: —No podrán estar fuera de la casa después de las diez de la noche. Si van al cine o a comer, uno de mis hijos los acompañará. No quiero que la gente del pueblo comente que mi hija anda sola por ahí contigo. Ahora bien, Diego, no sé a que te referiste cuando hablaste de tener "intenciones serias" con ella.

Diego al escuchar aquellas palabras, lo interrumpió diciendo: — Don Rodrigo, a lo que me refiero es que en un tiempo prudencial estoy considerando la posibilidad de formar un hogar con su hija—.

La conversación quedó ahí y Diego venía todos los días a visitar a su novia en casa de sus padres. Cierto día cuando habían transcurrido tres meses y medio de su noviazgo, Diego y Roxana se encontraban en la sala riéndose; ella había dicho algo que a él le sonó gracioso. Al verla sonreír, no pudo resistirse y la levantó tomándola por la cintura a la vez que la apretaba contra sí mientras la besaba apasionadamente.

En aquel momento para la mala suerte de Diego entró don Rodrigo quién los miró con cara de pocos amigos. Sin decir nada, los saludó entre dientes y se dirigió a la cocina.

Aquella tarde, cuando Diego se despidió de él como lo hacía todas las noches, don Rodrigo lo llamó aparte y le dijo: —Diego, permíteme un momento antes de que te vayas—.

Diego lo miró extrañado pero con el aplomo y la caballerosidad que lo caracterizaba, escuchó a su suegro hablar sin interrumpirlo: —No quiero tener problemas contigo, pero nunca más quiero volverte a encontrar propasándote con mi hija—.

Con una mirada intimidante y de "pocos amigos", Rodrigo Jimenez continuó diciendo: —Hoy cuando entré, observé una escena que no me gustó para nada. Tú sabes a que me refiero. Si no respetas a Roxana, no te permitiré que la sigas visitando. No quiero que algo así vuelva a repetirse, de lo contrario me veré obligado a pedirte que no vuelvas a poner un pie en mi casa—.

Diego, disculpándose con su suegro, se asustó un poco al escuchar aquella "amenaza" y le prometió que nunca más ocurriría algo así. Sin embargo don Rodrigo notó un poco de arrogancia en los ojos de Diego. Por eso, antes de que éste saliera de su casa le dijo:—Mira Diego, no hubiera querido decirte esto porque te aprecio mucho pero si no te gustan mis reglas, no tienes porque visitar a mi hija nunca más—.

Desde aquel día Diego se sintió obligado a mantener una relación cristalina con Roxana; sin embargo los encantos de la jovencita y su inocencia de niña cándida eran los que enamoraban más de ella, mientras que sus deseos por hacerla suya aumentaban día a día.

Roxana, su familia y la gente de aquel pueblo, no conocían verdaderamente quien era Diego González. Nadie sabía sobre su vida ni de sus salidas misteriosas cuando se despedía de su novia a las diez de la noche.

Ninguna de las personas, ni siquiera sus vecinos sabían que Diego no era el muchacho impecable y moral que don Rodrigo Jiménez conocía como el profesor de sus hijos y ahora como su futuro yerno.

Diego tenía amigos en la ciudad a los cuales frecuentaba cuando se iba de la casa de Roxana. Con aquellas amistades Diego se iba a bailar, tomar y hasta a aventurarse con múltiples mujeres, mientras Roxana quedaba en su casa ajena al comportamiento de su novio.

Cierto día a Roxana le contaron algo sobre lo cual tuvo que confrontar a Diego. Su vecina doña Delia lo había visto llegar en su auto a las tres de la mañana. La vecina era la madre de una amiga de Roxana y ésta se lo había dicho a la mañana siguiente.

Cuando Diego llegó aquella tarde, Roxana lo miró seria y le dijo: —Diego, tenemos que hablar, mi amiga Laura me dijo que su mamá te vio llegar a tu casa a altas horas de la madrugada. Creo que como tu novia necesito una explicación. Me siento preocupada y he llegado a pensar que talvez no sé quien eres realmente. Así que he pensado que deberíamos separarnos y pensar mejor las cosas—.

Diego la miró con ojos de terror mientras pensaba, *maldita vieja chismosa, como pudo venirle con cuentos a Roxana. Estúpida mujer, como se atrevió a hacer algo así.*

Por un momento Diego quedó en silencio y luego sin pensarlo más agregó: —Amor, entiendo muy bien tu preocupación. Me agrada mucho que me lo hayas dicho pues así podremos aclararlo todo. No sé que te habrá dicho Laura pero te juro amor que no es lo que tu piensas—.

Diego visiblemente molesto pero a la vez con una voz de angustia continuó diciendo: —Lo que más me duele es que tú hayas creído en lo que tu amiga te dijo. Yo te adoro, tú eres todo en mi vida, y si, es cierto, salgo con mis amigos de vez en cuando pero no es para otra cosa que para conversar un rato y tomarme alguna cerveza con ellos, yo te lo he dicho, eso no es ningún secreto para ti—.

Roxana lo escuchaba en silencio, Diego observaba que con sus palabras la estaba convenciendo de que él le decía la verdad.

Roxana no se resistió cuando Diego tomó su mano entre las suyas para continuar diciendo—Roxana, mi amor, como puedes creer que yo arriesgaría nuestra relación. Tu sabes cuanto te amo y los planes que tenemos—.

Ella bajó su cabeza, mientras dos lágrimas rodaban por sus mejillas y en voz baja, casi inaudible se atrevió a verbalizar sus pensamientos diciendo:—Pérdoname amor, es que me confundió mucho lo que me dijeron doña Delia y Laura —.

Los ojos de Diego humedecieron, mientras decía: — Roxana, no sabes cuanto me duele que hayas desconfiado de mí—

Roxana lo miró dulcemente y le dijo: —Diego perdóname, pero es que Laura sonó tan convincente que me hizo dudar de ti —.

Diego un poco más tranquilo la abrazó por los hombros y le dijo: —Mira amor, ella no te mintió, simplemente no te dijo como fue la historia en realidad. Efectivamente yo llegué anoche a las tres de la mañana—.

Roxana lo miró desconcertada mientras Diego continuó diciendo: —Cuando llegué anoche a mi casa, después de salir de aquí me encontré un mensaje en la máquina. Era de mi mejor amigo Sebastián quien te conté acaba de divorciarse. Se estaba sintiendo muy mal y quise ir a acompañarlo un rato—.

Roxana aliviada, se dejó abrazar por su novio, convencida totalmente que se trataba de un mal entendido y dejó que Diego continuara: —Con el afán de que Sebastián se sintiera mejor lo invité a tomar un par de cervezas. Lo dejé más tranquilo, me regresé al pueblo. Y si, efectivamente llegué a casa a eso de las tres de la madrugada—.

Desde aquel incidente, Diego, se cuidó mucho para no tener nunca más un problema con su novia. Ahora sabía que tenía que llevarse a Roxana lejos de aquel pueblo y de sus amigas. Tenía que convencerla que serían más felices si vivían en la ciudad cuando se casaran.

Sintiéndose un poco inquieto a partir de aquel día, Diego decidió apresurar sus planes de boda con Roxana, aunque no se lo dijo. Mandó su perfil profesional a diferentes colegios de la ciudad y aceptó un contrato en el Colegio Renacer, el cual quedaba muy cerca de su condominio.

Con el pretexto que le habían ofrecido un buen salario y muchos beneficios en su nuevo trabajo, Diego convenció a su novia de vivir en la ciudad cuando se casaran. Aquel día, Diego tomó la decisión de formalizar su relación y presentar a Roxana como su novia oficial con su familia.

Buscó la fecha propicia para la ocasión; sus tíos estaban próximos a cumplir cuarenta años de casados y la reunión se llevaría a cabo en un club campestre donde toda su familia asistiría.

Diego con gran ilusión invitó a Roxana y anticipadamente la advirtió sobre la fiesta. Acercándose a su oído le dijo con una voz dulce pero un tanto maliciosa: — Mira, amor, el domingo será un día muy especial para los dos. La pasaremos muy bien y me sentiré muy orgulloso de presentarte con mi familia—.

Luego Diego bajando su voz, dijo: —También quiero decirte que en ese club hay una piscina muy hermosa, quiero que nademos, nunca lo hemos hecho antes. Deseo que puedas lucir aquel bikini azul que te regalé para tu cumpleaños. Te vas a ver preciosa—.

Cuando ella oyó los planes de su novio, se sonrojó y se inquietó un poco. Ella jamás había estado en traje de baño frente a nadie. Su padre nunca se lo había permitido y jamás se había puesto un bikini.

Ahora Diego, le pedía que se pusiera el bikini y no solo para que lo luciera frente a él sino que estaría también en un lugar público donde conocería a la familia de su novio.

Al principio Roxana se resistió a complacerlo y le dijo: —Diego, jamás me he puesto un traje de baño, mucho menos un bikini. Mi papá nunca me ha dejado usarlo. Entiende, me da pena con tu familia y con el resto de la gente que ni siquiera conozco, no me voy a sentir bien. Yo no soy del tipo de muchacha que usan un bikini como si tal cosa—.

La insistencia de Diego llegó a tal punto que finalmente dándole varios argumentos convincentes la hizo entender que no tenía nada de malo que ella luciera un traje de baño de dos piezas para ir a nadar con él a una piscina. Roxana finalmente no pudo negarse a su petición. Acordaron que no dirían nada sobre ir a nadar y simplemente Diego le pidió permiso a don Rodrigo para llevar a Roxana a conocer a su familia.

Don Rodrigo mirándolo muy serio le dijo:—Mira Diego, de la única forma que yo permito que mi hija vaya contigo a esa fiesta es si tu traes a una de tus hermanas o a tu mamá a recogerla. También harás lo mismo cuando vienen de regreso. Mi hija no se va a subir sola contigo en tu auto. Dirás que soy un hombre con ideas anticuadas pero no permitiré que aunque ustedes sean novios, ella salga contigo sola—.

Diego no quiso contrariar a su suegro y accedió a que su hermana Lucrecia, vendría el domingo con él en horas de la mañana a recoger a Roxana y los acompañaría también a su regreso.

Cuando llegaron al club, Diego la tomó de la mano y después de presentarla con su familia, se la llevó a los vestidores para que se cambiara y se metiera a la piscina con él. Nadaron alrededor de dos horas y luego sin cambiarse, fueron a remar al lago.

El lago azul, la lancha, los remos y el paisaje contribuían a la escena romántica de aquella pareja que se besaban y acariciaban apasionadamente.

Una vez en la lancha Diego le dijo a Roxana: —Amor, esta es la primera vez que puedo sentir tu piel entre mis manos. Me siento muy bien al estar contigo a solas—.

Mientras Diego la besaba y acariciaba a su antojo aquella tarde, reprimía sus instintos carnales pues la amaba realmente y no quería de ningún modo irrespetarla. El sabía perfectamente que su novia era virgen y eso era algo que lo cautivaba por completo.

Cuando volvieron a la orilla, dentro de Diego golpeaba la pasión desenfrenada que calentaba sus arterias. Podía sentir la excitación que había experimentado al estar con ella a solas por primera vez desde que se habían hecho novios.

Por eso, Diego rompiendo el silencio tomó las manos de Roxana entre las suyas y le dijo: —Amor, has sido muy linda y dulce conmigo—.

Diego, sin dejar de mirar a Roxana, había continuado con su voz un poco agitada: —Tú sabes cuanto te amo, pero quiero que sepas que no quiero irrespetarte jamás pues el amor que siento por ti no me lo permitiría. Puedes estar completamente segura de que jamás cruzaré la línea de lo que tú no quieras hacer—.

Diego con voz temblorosa le dijo: —Me sentiría un miserable si robara tu candidez de niña inocente. Sin embargo, soy hombre y es muy difícil para mi esperar mucho más tiempo para entregarte mi amor en una forma absoluta, tu me entiendes verdad? —

Roxana temblorosa y sonrojada bajó su mirada. Estaba a punto de decirle algo, cuando Diego tomó su barbilla entre sus manos y cubriendo su boca, le dijo mirándola a sus ojos: —Roxana, mi amor, lo que te estoy pidiendo es que te cases conmigo cuanto antes, dime, quieres ser mi esposa? —.

Ella lo miró sorprendida y dijo con gran alegría: — Diego, me tomaste por sorpresa, sinceramente no pensaba que me pidieras ser tu esposa tan pronto. Claro que quiero casarme contigo, yo también te amo!!—.

Sonriendo lo abrazó y entre lágrimas y risas se dieron un beso tan prolongado que parecía interminable. Roxana lo miró feliz mientras le decía: —Diego, amor, te amo, como nunca pensé que llegaría a amar a nadie—.

Con una risilla la cual le encantaba a Diego añadió: —Profesor Gonzalez, permítame decirle que lo amé desde que lo conocí. Hoy se lo puedo confesar sin que me dé pena—.

Diego la apretó contra si y la besó tiernamente en su frente. Juntos caminaron a los vestidores para cambiarse sus trajes de baño para correr donde la familia de Diego a comunicarles la noticia.

Cuando llegaron a casa de Roxana, Diego no pudo esperar más para pedir la mano de su novia. Su hermana estaba a su lado como representante de su familia. Su suegro, sonriente lo miró y bromeando le dijo: —Diego, ya me extrañaba que no lo hubieras hecho antes. Pensé que tenías miedo de pedirme la mano de mi hija y que nunca te ibas a decidir—.

Doña Lucía, entró en la cocina a preparar unos bocadillos para la ocasión. Roxana y Lucrecia la siguieron hasta la cocina. Don Rodrigo y Diego quedaron sentados en la sala, discutiendo sobre posibles fechas para realizar la boda.

Cuando Roxana regresó a la sala, Diego y su padre le preguntaron si le parecía bien que se casaran cuando Diego terminara el segundo año de su práctica, lo cual sucedería en un par de meses.

Roxana accedió encantada y desde ese día en adelante todos hablaban de los preparativos para la ocasión.

Tanto don Rodrigo como doña Lucía sabían que su hija estaba en edad casadera y la petición no los había tomado por sorpresa.

Diego les parecía un buen hombre y estaban bastante seguros que sabría hacer feliz a su hija. Por eso los apoyaron hasta en el más mínimo detalle para que tuvieran una boda esplendorosa y radiante sin restringirse en gastos de ninguna clase.

3

LA BODA Y LA LUNA DE MIEL

*D*iego, miraba su reloj de pulsera ansioso, mientras impacientemente se paseaba de un lado a otro, frente al salón comunal del pueblo. Sin poder esperar más cruzó la calle y se asomó por la ventana del salón de belleza donde se encontraba Roxana haciéndose sus uñas y arreglándose el cabello mientras felizmente reía y bromeaba, con las amigas que la acompañaban.

Diego la observaba, mientras le prestaba muy poca atención a su amigo Víctor, quien se encontraba con él ayudándole a calmar su ansiedad y en son de broma le decía: —Diego, a mil leguas se te nota que te están comiendo los nervios hoy. Cálmate hombre, no es para tanto!! —.

El concentrando toda su atención en su novia la cual parecía tenerlo fascinado por su cándida belleza, ignoraba las palabras de su amigo. En su mirada se veía reflejada una intensa pasión que más bien parecía ser una obsesión por aquella jovencita.

Víctor Rojas, su supervisor, quien primero se había dado cuenta de la atracción que Diego sentía por su alumna, reía despreocupado mientras palmeaba su espalda diciéndole: —Mira, tienes razón de estar tan nervioso, no es para menos, te casas hoy y sé que estás bien enamorado de ella. De verdad tuviste suerte, hombre. Tu novia es una de las jóvenes más bonitas del pueblo. Además conquistaste a tus suegros, increíble! al viejo gruñón de Rodrigo Jiménez, me cuesta creerlo!—.

Diego, en tono de broma puso sus manos en el cuello de su amigo mientras lanzando una carcajada decía: —Estoy por pensar que a ti te gustaba y ella nunca te hizo caso. Ahora sé porque estuviste a punto de despedirme cuando te dije que me había enamorado de ella. Mira que te puedo extrangular aquí mismo—.

Su amigo riendo quitó las manos de Diego de su cuello y le ofreció un cigarrillo de su cajetilla. Diego aceptó gustoso. De verdad necesitaba fumar para sentirse mejor. Su amigo lo conocía muy bien y tenía razón, él estaba muy ansioso.

Diego observaba como Roxana, ajena a aquella conversación lucía felíz, bromeando con sus amigas dentro del salón de belleza despreocupadamente. Su madrina, la dueña del lugar, le arreglaba su cabello y pintaba sus uñas para que ella luciera esplendorosa aquella tarde.

Hacían una linda pareja, nadie podía negarlo. Diego, tenía una personalidad agradable para cualquiera que lo conocía, su romanticismo natural que lo caracterizaba, lo hacía un hombre apetecible para cualquier mujer en la que él pusiera interés en conquistar.

Víctor, quien se había dado cuenta que Diego estaba centrado en sus pensamientos, decidió alejarse no sin antes decirle: —

Definitivamente contigo no se puede hablar hoy. Te dejo para que medites allá en el planeta donde te encuentras, hombre—.

Diego lo miró y sonrió despreocupado. Dándole un abrazo, Víctor se despidió rápidamente diciéndo: —Bueno, pues ahí te veo más tarde; ya sabes que si necesitas ayuda, puedes llamarme—.

Diego agradeció sus palabras y recostado a uno de los postes de madera del salón de belleza continuó sumido en sus pensamientos mientras recordaba como había conocido a la que dentro de unas horas sería su esposa. *"Que cosas tiene la vida. Quien me iba a decir a mi cuando estaba tan enamorado de Lydia que no me casaría con ella. Me acuerdo como me dolió perderla".*

Diego sonriendo, movía su cabeza como negándose a creer lo que estaba recordando en aquel momento. Faltaban quince minutos para las diez de la mañana. En aquel soleado sábado del diecisiete de julio, el tiempo parecía haberse detenido para Diego. Hoy, un año después de haberle pedido que fuera su novia por fin consumaría su sueño de hacerla su esposa.

Los días anteriores a esta esperada fecha habían pasado volando pero hoy parecía ser el día más largo de su noviazgo, el cual llegaría a su fin cuando ambos dieran el si aquella tarde.

Todo estaba listo para ese momento y Diego contaba los minutos para admitir frente al sacerdote, sus amigos y familiares que cuidaría de Roxana y la protegería hasta que la muerte los separara. Aquel día, al fin, mirándose a los ojos fijamente, se prometerían ante Dios, ser felices por el resto de sus vidas.

De pronto Diego fue sacado de sus pensamientos por un temor inexplicable a nivel de su inconciencia. Su vida cambiaría radicalmente a partir de ese día y Diego no sabía si estaba preparado para ese cambio. Sin poder evitarlo, pensamientos de preocupación vinieron a su mente, *"no lo puedo negar, voy a extrañar mi libertad de hombre soltero; me preocupa un poco el tener que dejar de lado a mis amigos y las fiestas que tanto me gustan".*

45

De pronto la duda asaltó su pensamiento y se preguntó a si mismo, *valdrá la pena tanto sacrificio?* Luego como tratando de convencer a su conciencia pensó, *"Qué te pasa Diego, te has vuelto loco? Porque dudas hombre, Roxana es la novia ideal con quien todo hombre sueña casarse; es dulce y muy inocente. Además, como si no tuviera suficientes cualidades es una muchacha virgen".*

Tan ocupado estaba con sus pensamientos que no sintió los pasos de su mejor amigo Sebastián Mora quien lanzando una carcajada lo palmeó en la espalda diciendo: —Hombre, al fin te atraparon, hasta este día podrás divertirte libremente, te compadezco, vamos a celebrar te invito a unas cervezas—.

Diego sonrió y devolviendo su saludo le dijo: —No hombre, no puedo, estoy esperando a Roxana, está ahí dentro y pronto va a salir—.

Sin que Sebastián tuviera tiempo de responder, Diego agregó:—Mira viejo, me adivinaste el pensamiento y te juro que unas cervecitas en este momento no me caerían nada mal pues si, me preocupa un poco, el perder mi libertad, pero creo que esta vez me enamoré, que quieres que te diga? —

Sebastián en son de broma prosiguió: —Todavía estás a tiempo de escapar hombre, no te has amarrado aún, si dejas pasar las horas, ya no hay quien te salve—.

Diego lo miró y ambos soltaron una carcajada. Diego miró su reloj nuevamente y siguiendo las bromas de su amigo dijo: —Está bien, lo pensaré, creo que me has convencido—.

Sin decir nada más, ambos se despidieron con un abrazo mientras Diego decía: —Te espero, viejo, no me vayas a fallar—.

Sebastián desde el otro lado de la calle, movió su mano antes de subirse al auto y contestó: —Por supuesto que si, ahí estaré para acompañarte pero ya sabes, si te arrepientes, nos vamos a celebrar en grande—.

Cuando Sebastián se alejó del lugar, Diego miró a través de la ventana a su novia. Un poco molesto, miró nuevamente el reloj. Ya se estaba impacientando al ver que Roxana no salía.

De pronto miró de lejos a su madre cuando ésta se bajaba de un taxi y entraba al salón comunal con los centros de mesa y los manteles blancos que lucirían aquella tarde en la recepción. Diego sin pensarlo dos veces encaminó sus pasos hacia donde ella se encontraba para ayudarla.

Su mamá lo conocía muy bien. Diego sabía que a ella no le podía ocultar sus preocupaciones. En cuanto llegó, la besó. Sabía que su madre podría leer la expresión de su rostro.

Diego no se equivocó, porque inmediatamente confirmó sus sospechas cuando ella sin mucho preámbulo se atrevió a decir: —Hijo, estás bien? te noto distraído; hoy debe ser un día muy feliz para un hombre enamorado como tú—.

Diego oyó las palabras de su madre las cuales lo hicieron reaccionar de inmediato contestando: —Mamá sé que me conoces como la palma de tu mano, a ti no te puedo mentir, realmente estoy un poco preocupado. Quiero hacer muy feliz a Roxana y estoy traumatizado con mi rompimiento con Lydia. Tú sabes lo que sufrí cuando ella me dejó. No quiero que se repita la misma historia—.

Su madre posó la mano sobre el hombro de Diego y continuó diciendo: —Hijo, lo de Lydia sucedió hace mucho tiempo. Ella era enfermera y tenía que relacionarse con los doctores y enfermeros y eso a ti no te gustaba. Tu me has dicho que Roxana no va a trabajar y eso lo cambia todo—.

Diego miró a su madre más tranquilo y contestó: —Si mamá, tienes toda la razón, Roxana y yo ya hablamos sobre eso. Ella está de acuerdo que se dedicará a los quehaceres domésticos y no trabajará ni estudiará—.

Sonriendo más aliviado Diego continuó diciendo: —Es que de pronto me entró un temor que la historia se repita nuevamente. Recordé cuando Lydia se fué del país sin dejar rastro, no me dio una explicación, ni siquiera dejó una nota de despedida y nadie supo decirme donde encontrarla. Te acuerdas como me desesperé?—.

Su mamá con gran preocupación lo miró y con ansiedad por calmar a su hijo le dijo: —Hijo, por favor ya no pienses en eso, no te atormentes con el pasado! No dudes que vas a ser muy feliz con Roxana, ella te ama y tú a ella, disfruta de tu felicidad. Deja ir los recuerdos que te duelen y olvídate de ellos para siempre—.

Con el afán de distraerlo, lo animó a que entrara con ella al salón donde se efectuaría la recepción para que viera como habían quedado las mesas colocadas y los centros florales.

Mientras observaba el lugar, Diego pensó en su padre quien había muerto trágicamente pocos meses antes que él conociera a Roxana. Con nostalgia imaginó cuan feliz se hubiera sentido en aquel momento tan especial para él, si su padre estuviera presente hoy.

Sin embargo, reflexionó en las palabras que le había dicho su madre. Ella tenía razón él debía dejar ir su doloroso pasado en aquel momento y fijarse la meta de ser feliz con Roxana.

El timbre de su celular sacó a Diego de sus pensamientos. Leyó en la pantallita que era Roxana quien lo llamaba. Probablemente ya estaba lista y lo esperaba para que él la llevara a casa de sus padres.

Diego se despidió de su madre con un abrazo diciéndole que no se preocupara, que él estaba muy feliz. Cuando estaba a punto de cruzar la calle, vio a su suegro quien parqueaba su camioneta cerca de él.

Se acercó para saludarlo y aunque un poco de prisa pues no quería hacer esperar a Roxana, se detuvo unos minutos para ayudarlo a bajar las cajas de refrescos y meterlas al salón.

Don Rodrigo, guiñándole un ojo, lo despidió con unas palabras que aunque sonaron a broma, asustaron un poco a Diego; sin embargo, disimulando, sonrió al escucharlas: —Mira Diego, espero que hagas muy feliz a mi hija, tú me conoces, de lo contrario te las verás conmigo—.

Diego disimuló sonriendo, ignorando aquella broma, la cual le había sonado más bien a una amenaza. Despreocupado se despidió rápidamente de su suegro con la excusa de ir a recoger a Roxana.

Poniendo en pausa sus recuerdos dolorosos y preocupaciones, miró a su novia la cual venía hacia él. Notó que se había pintado

48

sus uñas de un tono muy rojo el cual no le pareció a Diego, sin embargo se lo calló.

El tenía un mal concepto de las mujeres que usaban ese color de esmalte. No quería que la que iba a ser su esposa luciera como las mujeres corrientes que él frecuentaba en los clubes, las cuales le parecían tan baratas y vulgares.

Disimulando su disgusto, sintió un poco de temor al reflexionar que su noviazgo con Roxana no había sido muy largo. Pensó que talvez se había apresurado un poco al pedirle tan pronto que se casara con él.

Quizás no la conocía lo suficientemente bien todavía, pensó. Estaba casi seguro que era una buena muchacha pero temía que lo hubiera engañado con su mirada de niña inocente.

Roxana notó inmediatamente algo extraño en su mirada. Lo conocía muy bien, su novio estaba distraído. Ella lo sacó abruptamente de sus memorias diciéndole: —Amor, en que piensas, te gusta como me arreglaron? —.

Diego disimulando, la miró sonriendo sin darle importancia al detalle de las uñas; no podía evitar recordar la manera que se le había estropeado su relación con Lydia y no quería contrariar a Roxana reclamándole sobre un detalle tan insignificante. La historia no podía repetirse. En ese día lo único que a Diego le importaba era verla feliz.

Estaba   seguro que una vez fuera su esposa, él lograría convencerla que usara otro tipo de esmalte menos llamativo. Así que la apretó contra si y le dijo al oído: —Tu sabes amor, que esa pregunta no es necesaria. Como no me vas a gustar chiquita si tu sabes que estoy loquito por ti. Me gustas de todas maneras, tu belleza natural es algo que me fascina. Deseo con todas mis fuerzas que llegue la hora en que nos casemos—.

El detalle del esmalte de uñas de Roxana no era algo importante para Diego. Lo que contaba era que en muy pocas horas él sería su dueño por el resto de sus vidas. Se encargaría de que Roxana se relacionara al mínimo con sus amistades de aquel pueblo. Por eso se la llevaba a vivir lejos de sus amigos y de su familia.

Diego deseaba que su boda con ella se convirtiera en un cuento de hadas en el que los protagonistas de la historia viven felices por siempre. Su fantasía solo se haría realidad si él lograba controlar la vida de su mujer por completo.

Diego dejó a su novia en casa de sus suegros y se fue a su casa a empacar la maleta que llevaría a la luna de miel. La casa que don Rodrigo le había rentado ya se encontraba vacía. Los últimos dos días había dormido en casa de su amigo Víctor.

Cuando el reloj apuntó las seis de la tarde, Diego se encontraba de pie frente al altar para recibir a la que en pocos minutos sería su esposa. Roxana orgullosamente del brazo de su padre, desfiló hacia el altar donde la esperaba Diego sonriente deseoso de tomar su mano para consumar su boda.

La ceremonia en la iglesia fue corta; ellos así se lo habían pedido al sacerdote, el canto del Ave María, la entrega de anillos la bendición de las arras y el desfile de las damitas y los padrinos en conjunto con los acordes de la marcha nupcial y las felicitaciones de los amigos habían sido momentos muy emocionantes para ambos.

Sus padres con lágrimas en los ojos los habían bendecido y felicitado cuando el sacerdote le había dicho a Diego que levantara el velo de Roxana y le diera su primer beso como esposo. En aquel momento los había declarado marido y mujer.

Esas palabras marcaban una nueva etapa para ellos como pareja. Se habían prometido fidelidad en la salud y en la enfermedad, en la riqueza y en la pobreza hasta que la muerte los separara.

Ambos estaban viviendo un momento que hubiera sido difícil de explicar pues nadie hubiera podido comprender hasta donde llegaba el amor que sentían el uno por el otro.

Una hora más tarde, ambos felices y radiantes entraron al salón comunal tomados de sus manos. Roxana se deleitaba en pensar que su boda había resultado como ella y Diego la habían planeado.

Las luces del salón y las flores blancas que estaban por doquier, le daban al ambiente un tono muy romántico. El salón comunal lucía muy elegante y muy bien decorado. Los centros de mesa al igual que los manteles blancos combinaban con el traje que Roxana lucía en ese día.

Ambos, se paseaban en medio de los invitados. Algunos de ellos, eran desconocidos especialmente para Roxana, tales como los amigos de Diego, algunos de sus tíos y otros familiares. Diego orgullosamente la había presentado con todos.

Mientras las personas que habían asistido a la fiesta disfrutaban de la deliciosa y abundante comida, Roxana y Diego se detenían a saludar, mientras el fotógrafo los perseguía donde quiera que ellos iban para captar los momentos que harían del evento algo inolvidable.

Cuando Roxana tomó la canasta que ella misma había decorado para repartir los recuerdos, notó que Diego la miró mientras le tomaba la mano. Ella sintió en su mirada que él quería decirle algo.

Roxana no se equivocó, efectivamente cuando entregaron el último de los recuerdos y partieron el pastel, ella se dejó llevar por él, mientras la conducía a una esquina del salón y donde nadie los escuchaba le dijo al oído:—Amor, ya me quiero ir, quiero estar solito contigo, escapémonos cuanto antes. Además quiero que nos vayamos pronto al hotel pues te he preparado una sorpresa que te daré en cuanto lleguemos—.

Roxana lo miró con una risilla maliciosa y besando los labios de su marido, salieron del lugar por una de las puertas de atrás sin que nadie lo notara.

Mientras se alejaban del salón, Roxana veía como los invitados bailaban y reían sin acordarse que ellos se podrían estar fugando del bullicio para amarse a solas, donde nadie fuera testigo de aquella entrega.

Cuando llegaron al auto, Diego la tomó en sus brazos, abrió la puerta y delicadamente la posó sobre el asiento delantero. Seguidamente, se encaminaron a la casa de Roxana para cambiarse los trajes.

Ahí en el cuarto que había sido la habitación de soltera de Roxana, en la intimidad de la alcoba, Diego la besó

51

apasionadamente. La casa estaba sola, todos estaban en la fiesta, solo la melodía de unos cuantos grillos que cantaban junto a la pequeña ventana del cuarto, eran testigos de aquel embeleso.

Roxana deseaba ardientemente estar con Diego a solas pero en su casa no podía disfrutar a plenitud de su amor, por temor de que alguno de sus familiares, llegaran y los descubrieran.

Se dieron una ducha rápida y cuando salieron, Diego tomó una toalla del armario para secarla. La envolvió en aquella toalla y la tomó por sus hombros y mirándola fijamente a los ojos le dijo con voz grave y temblorosa: —Roxana, mi amor, jamás pensé enamorarme como lo estoy de ti.   No quiero ni imaginar de lo que sería capaz si algún día me dejaras de amar—.

Ella notaba como los ojos de Diego se dilataban y destellaban un brillo que Roxana jamás había visto antes. Se intimidó un poco, pero lo dejó seguir hablando. Diego, mientras acariciaba el cuello de Roxana, continuó diciendos: —Te amo y me deleito en pensar que eres mía. Si otro hombre algún día roza tu piel con sus dedos, creo que me volvería loco de celos. Amor, nunca te atrevas a traicionarme, pues destruirías mi vida, yo perdería la razón y no sé si tu vivirías para contarlo—.

Roxana lo miró con ojos de terror y en una forma inconsciente se apartó un poco de él. Que le pasaba a Diego, él nunca antes le había hablado así, porque lo hacía hoy, tan solo unas horas después de haber consumado su matrimonio. Ella se estremeció con aquellas palabras y sintió mucho miedo.

Aquel día, ella solo esperaba escuchar palabras de amor de parte de su marido.   Además ese brillo extraño en los ojos de Diego la había terminado de confundir.

De pronto escuchó la voz de Diego quien le preguntaba sobre su estado, como si no se hubiera dado cuenta de lo que le había dicho minutos atrás: —Que te pasa amor? Te noto preocupada —.

Roxana no había podido disimular su sorpresa y se veía aterrada y bastante disgustada al haber escuchado aquellas palabras; por eso contestó de inmediato: —Si quieres que sea sincera contigo, si, Diego, realmente me asustaste con eso que me acabas de decir; me sonó como a una amenaza. Cuando me lo decías noté algo extraño en tus ojos que yo nunca antes había visto. Te he prometido hoy, serte fiel hasta la muerte Diego. Porque me dices esas cosas precisamente el día de nuestra boda? Me has hablado como si no confiaras en mí y eso me duele mucho—.

Diego la tomó entre sus brazos y la abrazó fuertemente por algunos segundos. Inmediatamente después, sin decir nada terminó de vestirla como si fuera su muñeca.

Subió el cerrojo de su traje y tomándola por la cintura se encaminó con ella al auto, agregando: —Bueno, amor, siento haberte asustado, pero es que te amo con locura. Mejor olvidemos esto, no tiene importancia. Estoy un poco cansado y creo que bebí más de lo debido. Vamos ya, estoy ansioso por llegar al hotel y darte la sorpresa que te he preparado para esta noche. Sé que esta será la primera de muchas otras noches felices que pasaremos juntos—.

Roxana aunque confundida por aquellas palabras de Diego, se sintió un poco aliviada cuando oyó las disculpas de su esposo. Notó que nadie había regresado a la que hasta hoy fuera su casa y se imaginó que todos se encontraban disfrutando de la fiesta.

Como dos fugitivos se subieron al auto y desaparecieron al anochecer sin dejar más huella que los trajes de su boda, los cuales quedaron tendidos sobre la cama de Roxana.

Cuando iban en el auto ella continuaba impactada por las palabras que Diego le había dicho allá en su casa. El de cuando en cuando tocaba sus piernas y las acariciaba suavemente. Ella lo miraba y le sonreía pero continuaba silenciosa.

Por el silencio que caracterizaba a aquella pareja nadie hubiera dicho que estaban recién casados, si no hubiera sido por el auto lleno de cintas, globos y rótulos, que sus amigos habían puesto y que los delataba con quien los viera.

De pronto Diego pasando su brazo sobre los hombros de Roxana, le dijo a su oído:—Amor, tengo mucha hambre, me imagino que tú también, no probamos bocado en la recepción, así que pararemos en el primer restaurante que encontremos en el camino—.

Luego cambiando su tono de voz dijo:—Mi amor, dime que te pasa. Has venido muy callada desde que salimos de tu casa—. Roxana notó en su voz que él se encontraba un poco molesto.

Lo miró a sus ojos, mientras observaba aquella mirada extraña que tanto la inquietaba. Como era posible? pensaba, que aquel mismo hombre que había sido su novio por un año, de pronto había cambiado tan abruptamente. Por qué estaba ella experimentando aquel sentimiento como de terror hacia su marido?

Roxana se sentía emocionalmente lejana de él en aquel momento. A ella le daba la impresión de estar con otro hombre completamente distinto del cual ella había escogido como su esposo.

Tan ensimismada estaba en sus pensamientos que ni siquiera se había dado cuenta que no había respondido aún. Diego, subió su tono de voz y visiblemente disgustado le dijo con voz más fuerte: —Roxana, acaso no me escuchaste? Que te pasa, dímelo de una buena vez!!—

Cuando Diego alzó su voz, Roxana se sobresaltó y lo miró seria y dejando a un lado el temor, le respondió sin titubear: — Diego por que me alzas la voz? Es la primera vez que lo haces. Desde que nos casamos estás distinto, no me gustó lo que me dijiste allá en mi casa, me siento confundida y yo no he hecho nada para merecerlo—.

Roxana tenía sus ojos llenos de lágrimas y un nudo en la garganta. Sin poder contener el llanto continuó diciendo:—He sido cariñosa y complaciente contigo siempre, pues quiero que seamos felices. Y ahora encima de todo, me alzas la voz. No te das cuenta que me estás lastimando? —.

Roxana no pudo continuar y estalló en sollozos sin poder evitarlo. Diego la abrazó fuertemente parqueando el auto a la orilla de la carretera. Acariciando el rostro de su esposa, le dijo suavemente:—Mi amor, por favor perdóname. De verdad lo siento, jamás pensé lastimarte con mis palabras—.

Sin dejar de acariciarla, Diego continuó diciendo: —Yo solo quería decirte que mi amor por ti es inmenso pero no quise lastimarte, soy un estúpido, no sé que me pasa, estoy nervioso, pero tienes razón no debí alzarte la voz. De pronto me llené de un terror repentino de solo pensar que algún día decidas abandonarme—.

Roxana al ver a su esposo en aquel estado, se arrepintió de haberle reclamado y llorando lo abrazó. Para demostrarle que lo había perdonado, buscó sus labios y lo besó refugiándose en sus brazos.

En la soledad de aquella carretera oscura, ambos se abrazaron como dos sobrevivientes de un naufragio que se aferran uno al otro en medio de la oscuridad en el oceáno abierto.

Momentos después de aquella dulce reconciliación, disfrutaron de una cena romántica entre risas nerviosas mientras comentaban sobre los momentos memorables vividos por ambos aquel día durante la recepción.

Cuando llegaron a su destino, Roxana tomada de la mano de Diego bajó del auto y ambos se dirigieron donde se encontraba el botones quien tomó sus maletas para llevarlas a su habitación.

Con las llaves del auto en la mano Diego tomó a Roxana por la cintura después de registrarse en aquel lujoso hotel de montaña. Una vez, recogieron las llaves en la recepción, ambos se aproximaron al elevador el cual los llevaría a su habitación que estaba en el segundo piso.

Al momento en que llegaron a la puerta del cuarto, él la tomó en sus brazos y besando sus labios delicadamente la depositó en la cama. Luego sin perder más tiempo le hizo una seña con su mano de que lo esperara ahí y luego se dirigió al baño.

Mientras ella lo esperaba, meditaba en lo feliz que era y lo afortunada que se sentía de haberse casado con Diego.

En aquel momento ya no le preocupaban las palabras que él le había dicho allá en su casa. Es más, ahora se sentía orgullosa de pensar que Diego la amara con aquel amor tan intenso que lo llevaba a desesperarse cuando pensaba que ella lo podría dejar de amar algún día.

El formar una familia con Diego era algo que ilusionaba a Roxana sobremanera, sin embargo él quería que esperaran un tiempo antes de que los hijos llegaran. Diego deseaba que ahorraran algún dinero para poder comprar una casa más amplia con un jardín donde los niños pudieran correr libremente.

El condominio de Diego tenía tres aposentos y dos baños, un balconcito en el dormitorio de ellos y un jardín cuya puerta daba a la sala y el comedor, donde Roxana había pensado colgar algunas plantas. Ella no sospechaba, ni por su mente pasaba la idea que Diego hubiera comprado ese condominio cuando alguna vez había pensado casarse con otra mujer.

Tan absorta se encontraba en sus pensamientos de mujer enamorada que no se dio cuenta que Diego había salido del baño y con una toalla blanca alrededor de su cintura, se había acercado a ella. Roxana no tenía ni idea de que se trataba la sorpresa, pero si sabía que estaba dentro del baño. Diego le tomó su mano mientras le cubría sus ojos con su otra mano.

Cuando él le permitió abrir los ojos, las luces se encontraban apagadas. Para la sorpresa de Roxana había unas cincuenta velitas rojas distribuidas por todas partes; aquellas velitas iluminaban el jacuzzi de aguas espumantes y perfumadas.

Dentro del jacuzzi, flotaban rosas rojas y el perfume que despedían era totalmente embriagador. Diego delicadamente le quitó sus prendas de vestir y la depositó en las aguas espumantes.

Diego, una vez más posó sus dedos sobre su piel suave y juntando sus labios a los de ella se besaron por largos minutos. Las escenas que tomaron lugar en aquel jacuzzi, hubieran servido para ser exhibidas en una película donde el amor era el tema central.

Roxana y Diego se fueron a su lecho nupcial aquella noche, con el perfume de las rosas impregnado en sus cuerpos. En una entrega, romántica, dulce y a la vez llena de pasión, consumaron su amor sin represiones, deseosos de entregarse como solo una pareja de enamorados hubiera podido hacerlo.

Horas más tarde, con ojos risueños y a la vez soñolientos se dieron las buenas noches abrazados uno al otro. Era su noche de bodas, las ilusiones y las metas para el futuro no contaban en aquel momento. En aquella noche tan especial para ambos solo pensaban en amarse y adueñarse el uno del otro para que su amor perdurara por siempre.

Durante aquella semana, las horas pasaron volando. Ella se sentía tan feliz al lado de su esposo que había perdido la noción del tiempo. Diego la invitaba a salir de la habitación a las horas de comida o para hacer alguna compra. Su amor los ponía en pausa con respecto al mundo exterior. Roxana sentía que era plenamente feliz junto al hombre que había escogido para pasar el resto de sus días.

Había transcurrido una semana desde que se habían casado. El sábado Diego la despertó temprano. Desayunaron e inmediatamente subieron a la habitación para empacar. Roxana puso en su maletín de mano sus cosméticos y algunos artículos personales de ella.

Diego, por su parte, tomó la maleta y se dispuso a amarrarla encima del auto. Ella trató de ayudarlo, pero él no se lo permitió. Roxana en sus adentros se sintió anulada. Pensó que Diego no la creía capaz de hacer cosas que para ella no eran difíciles de realizar. Sin embargo se cegó pensando que él era un hombre muy caballeroso que la quería proteger por lo mismo que la amaba mucho.

Sin preocuparse por aquellos pequeños detalles, que ella observaba en él, tomada de su mano se dirigió con su esposo al mostrador del hotel. Después de pagar la cuenta, subieron al auto que los llevaría al condominio.

En el camino a casa, Roxana nuevamente se sintió confundida pues en su luna de miel se había convencido que Diego era un hombre muy dominante. Ella lo había complacido prácticamente en todo hasta aquel día. Sin embargo, hoy que se dirigían a lo que sería su hogar a partir de aquel momento, ella se preguntaba si el carácter de Diego se convertiría en algo insoportable para ella.

La dinámica de la sumisión por parte de Roxana y el dominio completo por parte de Diego parecía haber funcionado maravillosamente durante la etapa del noviazgo y de la luna de miel.   Sin embargo, el mundo real que se avecinaba a partir de aquel momento, llenaba de temor a Roxana pensando si podría soportar la personalidad controladora de Diego durante el resto de su vida.

Diego ajeno a los pensamientos de Roxana, la miraba sonriente mientras le lanzaba un beso, guiñándole un ojo. Ella no supo que decir, simplemente lo miró y respondió a la sonrisa de su esposo. Sin embargo muy dentro de ella sintió una sensación de sinsabor en su estómago.   Era como una premonición, de que su esposo no era el hombre con el que ella creía haberse casado.

4

RECUERDOS DE SU INFANCIA

L a llegada al apartamento fue algo muy emocionante para ambos. Roxana miraba a su esposo y lo veía ilusionado con la idea de empezar su nueva vida. Abrir uno por uno los regalos, llenó a Roxana de inmensa alegría, todos eran tan útiles y bonitos y ella con gran ilusión, los tomaba en sus manos, colocándolos en sus respectivos lugares.

Diego, se miraba sonriente y de cuando en cuando le lanzaba un beso con su mano. Roxana cuando abría un nuevo regalo se lo enseñaba desde donde ella se encontraba. Algunos eran adornos para la cocina. También les habían regalado toda clase de utensilios eléctricos, la aspiradora, la licuadora y el tostador entre otros más.

Sobre la mesa del comedor se encontraban algunos sobres cerrados con el nombre de los dos escrito encima. Mientras Roxana se ocupaba de colocar los adornos en los lugares apropiados y colgaba los cuadros de las paredes, Diego se encontraba sentado en la mesa del comedor y abría uno a uno los sobres y se guardaba el dinero en su billetera.

De pronto, dirigiéndose a ella dijo sonriendo: —Mira amor, tu tío Roberto se portó muy espléndido esta vez. Por su forma de ser siempre pensé que era un hombre muy mezquino, pero ahora veo que no es así—.

Roxana lo miró un poco distraída mientras le decía: —Mi papá dice que el problema con tío Roberto es que mi abuelo siempre lo hizo muy conciente de que el dinero hay que valorarlo y no desperdiciarlo. Mi tío en ocasiones como éstas no se mide en sus gastos, pero en sus presupuesto mensual se limita bastante, por eso tiene fama de mezquino—.

Conforme Diego abría los sobres, y se guardaba el dinero en el bolsillo, ella observaba aquel detalle callada y sumisa, mientras recordaba sus años de infancia y como su padre era el único que manejaba las finanzas en su casa.

De pronto Roxana se puso seria y su mirada ensombreció. Diego vino hacia ella y un poco preocupado le preguntó: —En que piensas amor? —Ella volviendo en sí, lo miró sonriendo e inmediatamente respondió: —No te preocupes, no estoy pensando en nada en particular. Simplemente recordaba como mi madre nunca se atrevía a pedirle dinero a mi papá para sus gastos personales. Mi mamá prefería privarse de comprar algo que ponerlo de mal humor—.

Diego poniendo los brazos sobre los hombros de Roxana, la miró con ternura y le expresó su opinión: —Mira Roxana, en el poco tiempo que tengo de conocer a tu papá, me he dado cuenta que no es una persona fácil de tolerar. Tú sabes que yo tuve que ajustarme a sus reglas mientras fui tu novio. También sé perfectamente que no es ningún santo. Con todo el respeto que le tengo a don Rodrigo, tienes que reconocerlo. A ti te consta pues más de una vez lo hemos visto saliendo de la cantina del pueblo con alguno de sus amigos—.

Roxana con mirada melancólica se atrevió a decir: —Diego, mi papá no se parece en nada en ti. Mi padre no es un hombre tierno ó cariñoso como lo eres tú. No es un hombre malo, pero es seco y amargado. Ni una sola vez lo he visto abrazar o besar a mi mamá ni tampoco es afectuoso con mis hermanos o conmigo—.

A su memoria venían los recuerdos cuando ella era tan solo una niña de escasos siete años, cuando su padre volvía de la cantina y como siempre regresaba malhumorado, entraba a la casa dando un fuerte portazo para hacerse notar. En la percepción de Roxana, aquella era la manera de asegurarse que todos supieran que ya estaba en casa.

Diego al ver que Roxana tenía lágrimas en los ojos, la besó tiernamente mientras le decía: —Que pasa amor, no quiero verte triste, me duele verte así—.

Ella tampoco quería sentirse así pero aquellos recuerdos todavía atormentaban su mente y con Diego podía desahogarse por eso continuó: —Diego, no te preocupes es que simplemente recordaba a mi madre, como se sacrificó para que nosotros tuviéramos un hogar—.

Tragando en seco, Roxana continuaba llorando mientras proseguía diciendo: —Ella se levantaba a la hora que fuera a servirle la comida a mi papá. Cuando yo tenía aproximadamente ocho años, un día de las madres, a mi mamá se le ocurrió perfumarse con una colonia que doña Delia le había prestado para asistir a la fiesta que la escuela ofrecía para celebrar el día de las madres—.

Diego sacó su pañuelo y secó las lágrimas y se quedó en silencio escuchando a Roxana decir: —Cuando mi padre llegó le ordenó a mi mamá que se bañara para quitarse el olor a la fragancia. Luego frente a nosotros sus hijos, le hizo trizas su traje que ella pensaba estrenar. Tomándonos a todos por sorpresa, también tomó la botella de perfume en sus manos y la quebró tirándola al suelo—.

Roxana no podía dejar de recordar aquellos episodios de su infancia. Había crecido en un hogar donde su mamá era la mujer que abnegadamente cuidaba de sus hijos y de su marido la cual jamás había salido a trabajar fuera del hogar. Al observar a Diego guardarse los billetes en su bolsillo, la premonición que había tenido camino a casa después de su luna de miel, volvía a atormentarla nuevamente.

Luchando contra sus lágrimas Roxana continuó: —Mi padre, era el hombre de la casa al cual todos obedecíamos sin reclamar. Aunque a ninguno de mis hermanos ni a mi nos faltó el plato de comida ni un techo y una cama, él era quien siempre tomaba las decisiones—.

En aquellos momentos ella recordaba cuánto se había indignado y le había rogado a su madre que se fueran de la casa y que dejaran a su padre de una sola vez, aquel día en que él había roto su traje.

Doña Lucía la había sorprendido con su respuesta diciéndole: —Ay "m'ijita", ni lo pienses, estaríamos peor si él no viviera con nosotros; que voy a hacer yo sin él. Yo nunca he trabajado, no estudié, no sé hacer nada más que el oficio en la casa, cómo nos vamos a sostener económicamente?— .

Una de las frases que su madre había dicho aquel día, había quedado grabada en la mente de Roxana *"ya no te preocupes m'ijita, acostúmbrate a que así son los hombres, celosos y posesivos. Ten mucho cuidado en escoger bien a tu esposo cuando te cases algún día. De novio te bajará el cielo pero una vez se casan, los hombres cambian mucho. Ellos si pueden perfumarse cuando quieren, pero nosotras no tenemos ese derecho".*

Roxana había pensado que su mamá tenía razón. Mientras recordaba aquellas escenas desagradables, Roxana hacía todo lo posible por negarse a la posibilidad de que Diego se pareciera en algo a don Rodrigo.

Volviéndose a su esposo le dijo suavemente: —Diego me siento tan feliz de estar casada contigo. Tú eres un hombre de ciudad, educado, además, sabes cómo tratarme, me expresas tu amor y no te importa que me perfume, al contrario, me regalas el perfume que yo uso. Tus detalles son tan lindos que eso es lo que me mantiene tan enamorada de ti—.

De pronto Roxana quedó pensativa tratando de olvidar sus recuerdos de la infancia que le dolían tanto. Diego la miró y le preguntó inmediatamente: —En que piensas?—

Roxana con una sonrisa y un poco sonrojada le respondió: —Pensaba respondió ella con una sonrisa— en las pijamas que tiraste a la basura el día anterior a que nos casáramos, en el principio me daba pena de solo pensar en la idea de dormir sin nada puesto, pero ya me estoy acostumbrando—.

El la apretó contra sí y lanzó una carcajada besando sus cabellos mientras ella continuó diciendo: —También pensaba en lo afortunada que soy de haberme casado con un hombre cariñoso. Por favor nunca cambies. Te amo tal como eres ahora. No quiero ni pensar que algún día pudieras parecerte a mi papá—.

Diego la miró sonriendo. A Roxana le parecía que sus palabras habían dejado satisfecho a su esposo. Ella estaba lejos de pensar que aquellas palabras, alimentaban el ego de Diego. Algunas veces ella lo veía como un hombre el cual deseaba que ella lo idolatrara y que le dijera solamente cosas que lo halagaran y lo hicieran sentirse bien.

Diego la miró con una sonrisa de satisfacción y le respondió: —Yo también te pido a ti que nunca cambies pues lo que menos quiero que pase es convertirme en un hombre infeliz y déspota que trata mal a su mujer. Talvez te sorprenda lo que te voy a decir, pero yo tampoco tuve el hogar ideal—.

Como Roxana lo miró confundida, Diego cambió el tema y la sentó en su regazo mientras le decía al oído dulcemente: —Bueno, ya dejemos ese tema por ahora. Tengo preparada una sorpresa para ti, quiero comprarte unos vestidos que miré el otro día en una tienda. Deseo que los luzcas cuando sales conmigo, para que todos me envidien—.

Roxana dejó lo que estaba haciendo y tomándolo de su mano, alegremente lo siguió hasta el auto mientras imaginaba cuán feliz la hacía Diego llevándola de compras con el dinero que les habían regalado.

Sin darse mucha cuenta que ya Diego había parqueado, ambos bajaron del auto, en el centro comercial donde él había visto aquellos vestidos. Diego abrazó a su esposa y juntos entraron en la boutique.

Cuando llegaron Roxana se dirigió a las ruedas donde se encontraban algunos vestidos que a ella le gustaron; también tomó en sus manos algunas batitas "sexy" para dormir.

Cuando llegó donde él se encontraba, ilusionada con enseñárselos, él la miró extrañado, y poniendo los vestidos que ella tenía en sus manos en el mostrador, tomó los dos que él había escogido mientras le decía: —Que haces amor? Ya yo escogí los que me gustan. Los tomó en sus manos y sin siquiera preguntarle a Roxana si le gustaban o no, se acercó a la cajera y pagó por ellos.

Roxana no salía del asombro que Diego no le hubiera preguntado su opinión o al menos cual era su talla, y sin poder aguantar más le dijo:—Diego, de verdad no me vas a preguntar si me gustan o no?—

Diego la miró sonriendo y añadió de inmediato: —Ya te dije, que al que le tienen que gustar los vestidos es a mí, entiende Roxana, ya tú no eres la muchacha soltera, ahora debes de complacerme en todo lo que a mi me gusta y si quieres que siempre vivamos lo felices que hemos sido hasta hoy tienes que ser complaciente, de acuerdo?—

Ella lo miró un poco disgustada, Diego la besó en su frente y continuó:—Odiaría tener que discutir contigo sobre cosas tan simples como éstas, los vestidos están preciosos y verás que bien lucirán en tu cuerpo, ahora vamos a pagarlos pero ah... me olvidaba, necesitas ropa interior? — preguntó Diego naturalmente.

Roxana resignada le contestó:—No, por el momento tengo suficiente, lo que si me gustaría comprar son unas batitas de dormir muy sexy para lucírtelas, amor—.

Bajando la voz, para que nadie lo escuchara le dijo acercándose a su oído—Jamás te compraré nada que te sirva para dormir, quiero que mi piel se adhiera a la tuya cuando duermes—.

Roxana, desilusionada, miró los vestidos que habían quedado en el mostrador y lo siguió hasta la puerta silenciosamente. Diego la miró y sonriendo le dijo: —Avísame cuando necesites ropa interior y vendremos a comprarla a esta tienda, me gusta todo lo que venden aquí; tienen un buen departamento de ropa de mujer. Ya sabes que no quiero que te falte nada—.

Dándole una palmadita en su parte trasera, Diego prosiguió diciendo: —Sé que te gusta la comida italiana. Vamos a ese restaurante del frente. No hemos almorzado todavía — .

Roxana lo miró fingiendo una sonrisa y aceptó la invitación.

Cuando entraron al restaurante, mientras ordenaban la comida, ella notó que la mirada de Diego se había tornado sombría. Estaba a punto de preguntarle que le pasaba cuando él comenzó a hablar: —Mira— dijo Diego con voz grave— Sé que estás un poco disgustada porque no te compré los vestidos que tú querías. Tu papá por ser un hombre de pueblo siempre te acostumbró a vestirte como una beata y eso tiene que cambiar, amor—.

Roxana lo miró seria y le respondió:—Diego, ya sabes que a mi no me gusta la ropa atrevida, no estoy acostumbrada a usar ese tipo de vestidos—.

Diego con un tono de voz, un poco más autoritario, dijo:— Ahora que usted es la señora González, tiene que vestirse a mi gusto así que ya no discutamos más sobre esto—.

Roxana lo miró nuevamente y sin más preámbulos le dijo: — Diego, yo he aprendido a conocerte y sé que tengo que cambiar muchas cosas en mi forma de ser. Yo quiero que tú entiendas que mi mayor deseo es hacerte feliz. No es nada del otro mundo complacerte en ciertos detalles, pero también me gustaría que me dieras cierta libertad de escoger las cosas personales como mi vestuario—.

Haciendo una pausa con un nudo en la garganta. Roxana continuó—Algunas veces me preocupa no poder complacerte en todo lo que me exiges. Tú me quieres pegada a ti, no solo por las noches cuando no me permites ni darme vuelta en mi cama sino que tampoco me dejas que llame a mis amigas, simplemente para hablar con ellas, como cualquier muchacha de mi edad quiere hacerlo—.

Diciendo esto, Roxana se sintió aliviada. Cuando ella terminó de hablar, Diego, enojado como se encontraba por los reclamos que ella le había hecho le contestó a secas: —Mira, Roxana, porque te quejas tanto de mi? Cuantas mujeres quisiera que su esposo durmiera pegado a ellas como yo lo hago contigo? Y tú me echas en cara mis demostraciones de amor? Vine ilusionado a comprarte estos vestidos y te traigo a este restaurante el cual sé que te gusta. Y con tus quejas, me devuelves mis atenciones?—.

Roxana se sintió un poco culpable tratando de entender la perspectiva de su esposo. Ambos comieron silenciosos y pensativos, mientras disimulaban su frustración y enojo por la discusión que había comenzado al salir de la tienda.

Cuando iban de vuelta a casa, en el auto, Diego rompió el silencio diciendo:— Cuando estábamos en casa, me estuviste hablando de tu padre, yo te dije que yo tampoco tuve el hogar ideal y quiero aprovechar este momento para contarte algo que jamás he compartido con nadie. Lo hago únicamente porque tú eres mi esposa, pero quiero que sepas que me duele mucho hablar de este asunto—.

Roxana escuchándolo con atención esperó a que él contara su historia. Diego prosiguió:—Primero quiero que sepas que mi mamá y mi papá nunca se casaron. El siempre se rehusó a casarse con ella. Vivieron veintiocho años juntos y en todo este tiempo, nunca pudieron ser felices—.

Con un nudo en la garganta Diego carraspeó para continuar: —Mi padre era el prometido de mi tía Susana, quién era la hermana gemela de mi madre—.

Diego encendió un cigarrillo, mientras abría la ventana del auto y continuó con su historia: —Al enterarse mi tía que mi madre la había traicionado con su prometido, no pudo resistirlo y se quitó la vida hace aproximadamente veintisiete años.   Mi padre jamás se pudo perdonar a él mismo el haberla abandonado—.

Diego continuaba con su historia tratando de hacerle ver a su esposa que él también había tenido una infancia muy traumatizante. Por eso continuó diciendo: —Yo fui el resultado de esa traición que mis padres cometieron con mi tía Susana y crecí en un ambiente hostil donde mis padres se sentían culpables de la muerte de mi tía—.

Diego hizo una pausa pues en su garganta había un nudo tremendo de solo hablar de algo que le dolía tanto. Roxana tomó su mano y le dijo: —Diego no continúes, no quiero verte sufrir, por favor no te lastimes más—.

Diego la miró a sus ojos en los cuales Roxana podía observar cuanto le dolía a su marido hablar de aquello.   El con voz entrecortada continuó: —No, Roxana por favor, esto me hace bien, nunca me he desahogado con nadie, quiero hacerlo contigo hoy.

Cuando mi tía Susana falleció mi padre odió a mi madre desde ese día.   Desde que tengo uso de razón recuerdo como la golpeaba brutalmente. Tomaba licor casi todos los días y la última paliza que le dio fue tan grande que él tuvo que pasar en la cárcel un año. Yo tenía en ese entonces, cerca de diez años—.

Haciendo un gran esfuerzo por no soltarse a llorar Diego, dijo con voz entrecortada: — Mi papá salió en libertad cuando yo cumplí los once años. Jamás logré superar ese trauma de saber a mi padre encerrado lejos de nosotros. Mientras él estuvo en la cárcel padecimos mucho, mi madre trabajaba dos turnos para mantener a mis hermanas y a mi —.

Diego tragó en seco y dijo: — Cuando mi padre salió de la cárcel, mi madre vivía con nosotros en casa de mis abuelos porque se había lastimado su hombro en el trabajo y eso le impedía trabajar. Hasta allá llegó él a buscarnos y le suplicó que se devolviera a la capital con él y que olvidara el pasado y empezaran nuevamente. Nunca más la volvió a golpear pero la trataba como una sirviente —.

Ya Diego y Roxana habían llegado al condominio y Diego parqueaba su auto en el sótano. La historia de Diego tenía completamente absorta a Roxana quien ni siquiera se había dado cuenta que ya habían llegado a casa.

Diego bajando su mirada dijo: — Como te conté anteriormente, mi padre murió hace aproximadamente cuatro años cuando regresaba de un viaje de negocios. Fue algo tan inesperado para todos. El avión cayó al mar y su cadáver nunca pudo ser recuperado. Nosotros creemos que su cuerpo fue devorado por animales y por eso nunca apareció. Fue un golpe duro para todos nosotros, especialmente para mi mamá, quien a pesar de que la trataba tan mal, lo amó hasta el final—.

Roxana, lo escuchó sin interrumpirlo, estaba consternada después de escuchar la historia sobre sus suegros. Cuando él enmudeció Roxana miró como dos gruesas lágrimas rodaban por las mejillas de su marido.

Ella sin decir nada las secó con sus manos, fue entonces cuando Diego reaccionó de inmediato diciéndole: —Bueno, ya basta de hablar de estas cosas, te conté la historia de mis padres pues no quiero guardar ningún secreto contigo. Pero, no más del tema. La vida de nuestros padres no es la nuestra y si ellos no fueron felices, nosotros si lo seremos, simplemente te la conté porque me pareció que te podría servir de algo escucharla, además nunca te había dicho como murió mi padre—.

Roxana lo miraba con una gran ternura mientras pensaba, *pobrecito, como ha sufrido Diego, me duele tanto haber escuchado todo lo que padeció cuando era pequeño.*

Tratando de animar a su esposo un poco, tomó la bolsa con los vestidos y volviéndose a Diego lo miró a los ojos y para evitar que él se disgustara le dijo algo que en realidad no era lo que ella quería decir en aquel momento: —Gracias mi amor, los vestidos están preciosos, déjame decirte que tienes muy buen gusto—.

Diego con una leve sonrisa, la miró complacido mientras pensaba:"*Tal parece que ahora si has empezado a valorar lo bueno que he sido contigo*".

Horas más tarde cuando empezaba a anochecer, Diego sacó uno de los vestidos de la bolsa. Sin más preámbulos se lo entregó a Roxana para que modelara para él.

Luego de aquel íntimo y exclusivo "desfile de modas", la amó apasionadamente mientras le decía: —Ahora si mi vida, ya me distes las gracias por los vestidos que te compré como una esposa que ama a su marido sabe hacerlo—.

Mientras Roxana modelaba sus vestidos aquella noche, se preguntaba si ella podría vivir toda su vida junto a un hombre que quería tener un control absoluto sobre su persona.

Empezaba a darse cuenta que no tenía derecho prácticamente a nada. Temía convertirse en una muñeca sin voluntad propia a la cual Diego vestía y desvestía a su antojo y a la cual manejaba por medio de un control remoto invisible que se encontraba siempre en manos de él.

Antes de dormirse aquella noche Roxana confundida meditaba en su almohada, mientras pensaba si a ella le gustaba o no que su marido la estuviera dominando de aquella manera que la hacía sentirse asfixiada y anulada. Roxana lloraba en silencio, mientras Diego, aferrado a ella como un niño abraza a su osito de peluche, roncaba profundamente.

5

LAS REGLAS LAS PONGO YO

*D*iez meses habían transcurrido desde el día en que se habían casado. Tal como lo sospechaba Roxana, conforme los meses avanzaban, el control por parte de Diego, crecía desmedidamente.

Sin embargo, ella ciegamente lo seguía amando y mientras él iba a dar sus clases al colegio, Roxana, sumisamente se quedaba en casa a cargo de los quehaceres domésticos. Aquella tarde mientras le preparaba una merienda, para cuando llegara de su trabajo, Roxana reflexionaba como al casarse había dejado truncado su sueño de finalizar su carrera como diseñadora gráfica y tener algún día su propia compañía.

Se aburría un poco cuando terminaba de hacer sus quehaceres y eso la hacía pensar que sería bonito sentirse realizada en una meta que fuera solamente suya. Roxana se encontraba en la cocina, cuando Diego llegó.

Después de saludarlo más cariñosamente que de costumbre, le dijo: —Diego, mi amor, hoy en la mañana estuve pensando que me gustaría tomar algunos cursos en la universidad y así mientras tú trabajas, yo puedo entretenerme unas horas, cuando termino mis quehaceres—.

Diego la miró serio y con voz ronca y no de muy buen tono le dijo: —Para qué? Con que objeto quieres terminar tus estudios? Yo no me casé contigo para que trabajes fuera de casa. Tú sabes bien y ya hemos hablado sobre esto antes, no quiero arriesgarme a que alguien te vaya a hacer daño—.

Roxana no sabía que Diego tenía traumas de su relación anterior con Lydia la cual se había estropeado a causa del trabajo de ella. Por eso se extrañó mucho cuando Diego continuó diciendo: —Tú no tienes necesidad de nada, yo gano un buen sueldo y puedo cubrir todos tus gastos. Cuando tú necesitas algo, siempre me lo pides y yo nunca te he negado nada, entonces cual es la razón por la cual quieres terminar tu carrera?—

Roxana callada lo escuchaba decir aquellas palabras y se intimidó un poco al observar a Diego visiblemente molesto y como había tratado de disimular su disgusto bajando el tono de su voz. Diego tomó su mano entre las suyas y prosiguió: — Una mujer estudia cuando está sola y cuando no tiene un marido a su lado como lo tienes tú, en fin si trabajar es lo que tenías en mente, porque no me lo dijiste antes de casarnos?—

Roxana lo miraba silenciosa y él sin dejar de mirarla siguió hablando: —Además eso de que te aburres, pronto acabará, en breve encargaremos nuestro primer hijo y eso te mantendrá más que ocupada—.

Ella conocía a Diego como a sí misma, y sabía que jamás lo convencería de que la dejara trabajar fuera de la casa. Por esa razón nunca había tocado el tema antes de casarse; sabía perfectamente que sus deseos de ser profesional jamás podrían realizarse.

Ella veía cada vez más claro que al final siempre se harían las cosas como él lo dispusiera sin embargo tomando un poco de valor le contestó: —Yo pienso que no tiene nada de malo que yo estudie, no se porque te molesta tanto, algunas veces me aburro cuando termino el trabajo de la casa. A ti no te gusta que llame a mis amigas o que salga a ningún lugar.   Diego, algunas veces me siento prisionera y quisiera tener un poco más de libertad en poder hacer cosas que le gusta hacer a cualquier mujer de mi edad—.

Diego subiendo un poco el tono de su voz y soltándole su mano dio un puñetazo, en la mesa y le dijo firmemente:—No insistas!! Ya te dije que no!! De ninguna manera permitiré que vayas a la universidad.   No sé porque te empeñas en contradecir mis decisiones.   Hasta hoy no hemos tenido problemas porque tú te has sujetado a mí como cabeza de familia. No me obligues Roxana, a tener que tratarte déspotamente—.

Visiblemente molesto, pero bajando un poco su voz, Diego continuó hablando: —Darte esa libertad de la que hablas representa una preocupación para mí que no quiero tener mientras trabajo, entiende, mi profesión requiere alta concentración y es de mucha responsabilidad para andarme preocupando por donde anda mi mujer en vez de estar en su casa cuidando de los quehaceres domésticos—.

Roxana tenía los ojos llorosos y lo miraba aterrada. Diego la miró con ojos llenos de rabia diciendo: — No quiero que los lobos que andan sueltos por ahí te enreden y tu caigas—.

Trató de tomarla por los hombros pero Roxana se apartó.   El entonces, la tomó bruscamente del brazo y le dijo quedamente: — Entiende de una buena vez, no quiero arriesgarme a que otro, mientras yo trabajo, te lleve a su cama con engaños—.

Ya Roxana estaba muy molesta escuchando las palabras de su marido.   Cuando Diego terminó de hablar, Roxana reaccionó a las palabras que él acababa de pronunciar.

Se sentía insultada y ofendida y no quería seguir hablando con él. Así que dejó la merienda a un lado y por primera vez desde que lo había conocido, se le enfrentó alzando su voz con la valentía que ella jamás hubiera imaginado tener, diciendo: —Cállate Diego, cállate de una buena vez, tu estás loco, que te pasa? Quien crees que soy yo, una prostituta? Por quien me tomas? Ahora me doy cuenta cuán poco me valoras y confías en mí; jamás imaginé que pensaras de esta manera!!—.

Furiosa como se encontraba, Roxana se dirigió a su dormitorio, dándole la espalda a Diego. El la alcanzó y la tomó por los cabellos y sacudiéndola fuertemente le gritó: —Cómo te atreves a alzarme tu voz? Si no te callas, te va a ir muy mal. Nunca le he permitido a ninguna mujer que me hable de esta manera y no te lo voy a permitir a ti tampoco. Así que cállate de una buena vez y no me provoques porque no respondo de mi!!—

Diego con su rostro enrojecido y su cabello despeinado, tomó la cara de Roxana entre sus manos, la estrujó con furia y con ojos desorbitados la miró fijamente y apretando los dientes le dijo en voz baja:—Me escuchaste? Oye muy bien niña malcriada, escucha lo que voy a decirte y que se te grabe en tu cabecita de una vez por todas para que no se te olvide nunca. Que sea ésta la última vez, que me alzas la voz. Entiéndelo, que aquí el hombre soy yo y a ti te guste o no, te sujetas a mis órdenes—.

Sin soltar su rostro continuó: —Si te vuelves a rebelar como lo acabas de hacer, voy a perder la paciencia y las cosas irán muy mal entre nosotros y eso a ti, especialmente, no te conviene—.

Roxana, herida por las palabras y por los gritos de su esposo, no pudo más contener su llanto, corrió hacia el baño y ahí se encerró a llorar desconsoladamente.

No lloraba por el hecho de no poder terminar su carrera, lloraba por que estaba herida por la desconfianza que hoy le había demostrado Diego La había maltratado física y emocionalmente. Ella creía que los moretes que había dejado Diego en su corazón hoy, no desaparecerían tan fácilmente.

Sentía su rostro un poco inflamado. Se tocó sus mejillas y le dolían, se miró en el espejo, y observó como su rostro estaba enrojecido y los dedos de Diego marcados en su piel. Roxana pensó en dejarlo pero sentía que si lo hacía, iba a sufrir mucho pues a pesar de todo, ella creía que lo amaba. Sin embargo, lo que Diego le había dicho hoy, abría una grieta en su matrimonio.

Roxana desde el baño escuchaba como él, en la cocina, se servía una bebida. El sonido de la botella vaciando su contenido en el vaso, la llenó de temor. Recordó como su padre se volvía muy violento cuando tomaba. *Diego probablemente está frustrado y lleno de ira y por eso está bebiendo*, pensó. *Probablemente está muy molesto por la discusión que tuvimos.*

Ahora, sabía sin lugar a dudas que Diego jamás le permitiría estudiar o trabajar. De pronto, Roxana escuchó la puerta principal del condominio cerrarse de un golpe. En cierta manera se sintió aliviada que él se hubiera ido. En aquel momento no quería tenerlo cerca ni perdonarle que la hubiera agredido.

Lo esperó por un par de horas. La idea de dejarlo le pasó una y mil veces por su mente. Fantasías de como llevaría a cabo su escape cruzaron sus pensamientos. Luego se recostó en el sillón de la sala, se puso un lienzo encima y trató de conciliar el sueño pero no lo logró.

Cuando regresó, las luces estaban apagadas. Entró al dormitorio y miró la cama estaba vacía. Roxana un poco atemorizada sintió cuando Diego encendió la luz del dormitorio. Oyó sus pasos que se dirigieron a la cocina y en cuestión de segundos lo sintió cerca de donde ella se encontraba.

Roxana se sintió atemorizada pensando que venía borracho y fingió estar dormida. Fue ahí donde lo escuchó decir:—Roxana?— le dijo suavemente; ella no le contestó entonces Diego, volvió a insistir con voz aún más tierna:—Sé que no estás dormida— .

Roxana permaneció inmóvil, no quería hablar con él en aquel momento. Estaba muy herida y todavía le dolían sus mejillas. El acercándose aún más, le dijo en tono muy suave:—Quiero perdirte perdón, fui un estúpido y los celos me cegaron. Perdí el control, por favor perdóname, no quise ofenderte—.

Diego no pudo más, se cubrió su rostro con sus manos y sollozó: —Por favor, dime que me perdonas, no quise tratarte mal ni ofenderte, me desesperé pero jamás volverá a ocurrir. Te lo prometo, me comporté como un salvaje pero tú sabes que no soy así, perdí el control—.

Sin dejar de sollozar Diego seguía diciendo: —De algo puedes estar segura, te amo con locura y ten la seguridad de que jamás volveré a maltratarte. Se me pasó la mano—.

Roxana no pudo más, al no sentir el olor a licor en su respiración y al tener a Diego tan cerca, comenzó a sollozar fuertemente. El sentado junto a ella, le tomó la mano mientras silencioso la dejó desahogarse.

Pasó casi una hora; ambos en la oscuridad, silenciosos meditaban en lo que había ocurrido aquella tarde. Sutilmente Diego le pasó su brazo sobre la cadera. Roxana al sentir el brazo de su esposo, se incorporó sentándose en el sofá mientras decía:— Diego, solo quisiera que aprendiéramos a comunicarnos para que nuestro matrimonio funcione y podamos ser felices—.

El tomando su mano la besó tiernamente a la vez que le dijo: —Tienes toda la razón, debemos poner de nuestra parte para que de ahora en adelante no ocurran incidentes como el de hoy—.

Diego levantándose del sofá la tomó de la mano y la llevó al jardín del condominio. La depositó en el césped y colocando un osito de peluche en sus manos, el cual le había comprado aquella noche, la besó tiernamente, a la vez que le decía:—Espérame aquí, ya vuelvo—.

Roxana se sentía la más feliz de las mujeres, tenía frío pero no le importaba; su esposo la calentaría con su cuerpo en unos minutos. Ya ni siquiera se acordaba del incidente de aquella tarde, ella sabía que Diego estaba arrepentido de haberla tratado mal y tenía que creer en él.

Después de todo él tenía razón ella había empezado aquel incidente con su absurda idea de continuar con sus estudios. Se sentía culpable por haber provocado aquel pleito con su marido.

Ella amaba a su esposos, sabía que Diego no se enojaba si ella no lo provocaba. Ella sabía muy bien que si cooperaba y era complaciente con él, podrían vivir una eterna luna de miel. Pocos minutos después, mientras pensaba en cuán feliz era al lado de él, Diego salió al patiecito con el lienzo blanco que ella se hubiera cobijado minutos atrás en el sofá.

Colocó el lienzo en el jardín y la invitó a sentarse junto a él. Suavemente la acarició y encendió su pasión mientras la besaba intensamente. Roxana se dejó llevar por la ternura de Diego. El, le quitó delicadamente el camisón que ella se había puesto para dormir, tomó un ramillete de rosas rojas que también le había comprado aquella noche; deshojándolas, cubrió el cuerpo desnudo de su amada con ellos.

Luego Diego la condujo al dormitorio donde se amaron intensamente. Minutos más tarde, totalmente exhaustos por los acontecimientos de aquel día se durmieron profundamente como si nada hubiera ocurrido.

Así pasaba el tiempo y cierto día en que Roxana se encontraba escribiendo una carta a sus padres, meditaba a la vez en lo que era su vida junto a Diego. Ella nunca les contaba a ellos sobre sus problemas con él para no preocuparlos. Pensaba que no podían hacer nada para ayudarla.

Mientras escribía aquella carta, meditaba en como el tiempo transcurría; ya habían pasado seis meses desde que Diego había dejado las marcas de sus dedos impresas en su rostro. Aunque las discusiones después de aquella ocasión no habían alcanzado ese nivel, Diego algunas veces decía cosas que la hacían sentirse humillada y nula.

En aquel lugar que ellos llamaban "su hogar" las frases ofensivas por parte de él eran el pan de cada día. Sin embargo, los detalles románticos que Diego tenía después de las agresiones verbales la hacían flaquear en tomar la determinación de dejarlo.

Cuando estaba a punto de finalizar su carta, oyó los pasos de Diego, que se acercaban hacia donde ella se encontraba. Tomándola por sorpresa y sin hacer ningún preámbulo, le dijo con voz firme:—Mira Roxana, he estado pensando seriamente en que tengamos un hijo ya. Sé que te aburres cuando yo no estoy en casa y no quiero que llenes tu mente con basura que ves en la televisión—.

Tomando su mano y en un tono cariñoso le dijo suavemente: — Por eso he pensado que ya es tiempo de que dejes de tomar las pastillas anticonceptivas para que tengamos un hijo. Yo he recibido un aumento de sueldo y me parece que este es el momento adecuado—.

Roxana lo miró extrañada y le contestó:—Pensé que querías que esperáramos dos años al menos, para encargar a nuestro primer hijo, pero está bien si tú así lo has decidido, será como tu digas—.

Diego sonrió complacido y dijo de inmediato. —Bueno pues que bueno que estás de acuerdo conmigo porque precisamente ayer hice la cita para ir a ver una doctora que me recomendó Teresa, la enfermera del colegio. Si esta doctora te revisa y nos dice que todo está bien dejarás las pastillas de inmediato—

Roxana no se extrañó que su marido hubiera hecho la cita con aquella doctora sin ni siquiera consultarle a ella. Ya se estaba acostumbrando a la manera de ser de Diego, por eso no le importó mucho que él no la tomara en cuenta para hacer aquella cita.

Inmediatamente de expresar su opinión o más bien su decisión de tener un hijo, le dio una palmadita en sus glúteos, sonriendo: — Ahora, arréglate, amor, perfúmate y ponte un vestido de los que me gustan. Vamos a salir. Quiero que todos sepan que estás muy enamorada de mí para sentirme el hombre más orgulloso y que me envidien por tener una mujer tan guapa a mi lado—

Roxana se molestó un poco al escucharlo pero lo disimuló muy bien, ahora estaba segura que se había casado con un hombre totalmente egoísta y controlador, todo era "mi" , "yo", "a mi me gusta", "ponte este vestido", "báñate conmigo", "duerme sin ropa", en fin, aún en sus momentos más íntimos como al hacer el amor, Diego era el que ponía las reglas del juego para satisfacerse al máximo y jamás le preguntaba a ella cuales eran sus fantasías o en que posición ella sentía más placer.

La manera de ser de Diego fastidiaba a Roxana más de lo que él se hubiera podido imaginar.

Algunas veces a ella le había pasado por la mente abandonarlo pero tenía terror de hacerlo. Conforme pasaba el tiempo y ella lo conocía mejor, se convencía que él si era capaz de matarla si ella algún día lo abandonaba.

"Talvez la llegada de un hijo lo haga cambiar", pensaba Roxana, *"quizás un hijo me ayude en este matrimonio que día a día se está convirtiendo en un suplicio para mí"*.

Roxana se sentía mal de pensar así pues muchos de los momentos que pasaban juntos eran muy dulces para ambos. Ella sentía que lo amaba y no dudaba ni por un instante que Diego también estaba enamorado. Sin embargo la relación que tenían era tan asfixiante que algunas veces ella sentía que se ahogaba.

Con estos pensamientos en mente, se dio una ducha y se relajó por varios minutos dejando correr el agua más caliente que de costumbre; luego se puso uno de los vestidos favoritos de Diego, se maquilló y se perfumó tal como él se lo había pedido.

Cuando estaba a punto de salir de la habitación, sintió las manos de él alrededor de su cuello, cuando ella se volteó él la miro dulcemente y después de besarla, la apretó contra si y abrazada la llevó hacia el auto. Ella sumisamente se subió al vehículo y se dejó llevar por Diego sin importarle a donde se dirigían.

6

EL EMBARAZO

*C*uatro meses y medio, le tomó a Roxana salir embarazada desde aquella cita con la doctora a la que Diego la había llevado. Ya ambos estaban un poco impacientes pues el embarazo no llegaba pero la doctora los tranquilizó diciéndoles que era normal y que algunas veces ocurría así después de haber tomado pastillas anticonceptivas, por un tiempo prolongado. Roxana las había comenzado a tomar dos meses antes de la boda.

Cierto día al llegar Diego a casa, ella se encontraba mirando la televisión. Después de saludarlo, le comentó:— Diego, no estoy segura pero tengo un atraso de doce días, quisiera ir donde la doctora para que me examine—.

Roxana se conmovió al observar el rostro de su esposo, como se iluminaba con una gran alegría. Aquella misma tarde hicieron la cita y al día siguiente visitaron el consultorio de la doctora Rolanda Le Franc, la cual les dio la buena noticia de que efectivamente, Roxana estaba esperando su primer bebé.

Diego como cualquier padre primerizo lo hubiera hecho le hizo varias preguntas a la ginecóloga. La doctora sonriendo lo tranquilizó diciéndole que no se preocupara por nada. Los felicitó a ambos, al tiempo que les decía que se fueran a casa tranquilos y disfrutaran la noticia.

Durante el camino, una vez más Roxana observó el total control que su esposo ejercía en su relación. Lo único que hizo Diego a partir de aquel momento fue barajar varios nombres de varón para al final decidir que se llamaría como él, Luis Diego.

Roxana como siempre se sintió ignorada, pues su esposo no le había tomado la opinión sobre posibles opciones, es más, ni siquiera se había molestado en preguntarle si ella tenía otros nombres en mente, pero para evitar un altercado mejor calló y no quiso discutir sobre el asunto.

Lo único que Roxana se atrevió a decir fue: —Amor, no has considerado la posibilidad de que podría ser una niña?— El la miró dudoso por un momento e inmediatamente agregó: —No creo— mi mamá y mis otras tías siempre tuvieron un varón como primogénito, porque vamos a ser nosotros la excepción?—.

Roxana lo miró con un gesto como tratando de insinuarle, que lo que él decía no tenía ningún sentido y seguidamente le dijo: —Diego, eso no es una regla, puede haber sido una casualidad que ocurrió en tu familia y no pasará igual en nuestro caso. Además si nos basamos en eso, en mi casa las cosas son al contrario, mi mamá me tuvo primero a mí y después a mis hermanos, y varias de mis tías tuvieron una hija primero y mi tía Eugenia como sabes, solo tuvo mujeres y nunca le llegó el varoncito—.

Roxana observó como sus palabras habían molestado a su esposo. Ella estaba en lo cierto y Diego lo sabía por eso le dijo de inmediato: —Mira Roxana estás hablando con un profesor de ciencias, el sexo lo decide el hombre y no la mujer. Tú no tuviste ninguna influencia en el cromosoma que se combinó con tu óvulo. Ese cromosoma es decisivo para que tengas un varón o una niña. En conclusión el sexo del bebé lo decide el hombre y no la mujer—

Con voz grave Diego continuó diciendo: —Espero que entiendas que con esto no te estoy diciendo que nuestro primer hijo será un varón, además no tiene importancia, si es una niña de todas maneras le quiero poner el nombre de mi madre, Luz Estrella, siempre le dije a ella que si alguna vez tenía una hija le pondría su nombre—

Roxana no contestó pero se sentía muy indignada que su marido no la tomara en cuenta ni siquiera para escoger el nombre de su bebé, habían tantos nombres bonitos pensaba ella, Marco Vinicio, Valeria, Marcela, Mauricio, Brenda, Mónica, Tatiana, Javier, los cuales eran más modernos que los nombres de Diego y de su suegra, sin embargo sabía que con discutir sobre el nombre, lo único que conseguiría sería escuchar de la boca de su esposo algo que daría pie por lo menos, a una conversación desagradable.

Resignándose a que Diego hiciera la decisión como en todo lo demás, el tema de los nombres no se discutió más durante todo el embarazo. Los meses pasaron sin mayores cambios, las nauseas matutinas eran bastantes fuertes y Roxana sufría mareos con frecuencia por lo tanto la doctora le aconsejó que tuviera reposo especialmente durante los últimos meses.

Cierto día cuando Roxana tenía alrededor de seis meses de embarazo, inmediatamente después que hicieran el amor, sintió su calzón mojado y observó que también tenía manchas de sangre. Ambos muy alarmados, llamaron a la doctora, la cual les dijo que se fueran inmediatamente para la clínica de emergencias y que ella los encontraría ahí.

Cuando la ginecóloga revisó a Roxana se dirigió a Diego principalmente diciéndole:—Su esposa está en algo riesgo de perder el bebé. Voy a darle esta receta para que el cuello del útero se contraiga. No deje que se levante de la cama por dos semanas. También les recomiendo que se abstengan de tener relaciones hasta que haya nacido el bebé—.

Ambos habían prestado atención a lo que la ginecóloga dijo. Cuando salieron de la sala de emergencias rumbo a su hogar, los dos se notaban preocupados y casi no hablaron durante el camino a casa. Eran aproximadamente las tres y media de la mañana; Diego fue a comprar la medicina que la ginecóloga recetó y siguiendo las órdenes de la doctora al pie de la letra, Roxana no se levantó de la cama durante dos semanas para que el embarazo siguiera su curso. Doña Lucía, se trasladó a vivir con ellos para ayudar en los quehaceres domésticos.

Durante este tiempo, con su suegra en la casa y su esposa en cama, Diego estuvo bastante alejado de ella, poco hablaba, miraba la televisión hasta altas horas de la noche y algunas noches ni siquiera dormía a su lado, se quedaba dormido en el sillón de la sala y ella lo notaba más frío e indiferente que nunca.

Roxana, preocupada por la actitud de su esposo se lo comentó a su madre mientras miraban algunas revistas para tejerle alguna ropita al bebé.

Cuando doña Lucía oyó las quejas de su hija, le palmeó la espalda cariñosamente al tiempo que le decía: —Ay mi hijita, no sé que decirte, probablemente Diego no quiere verse tentado a estar contigo, eso les pasa a muchos hombres cuando la mujer está embarazada, y peor aún con un embarazo delicado como el tuyo, no quieren acercarse a su mujer por temor a maltratarla o de dañar al bebé—

Roxana no dijo nada, no se atrevió a contradecir a su madre. Sin embargo pensó para sí misma que Diego no estaba comportándose correctamente. Ella no sentía su apoyo ahora cuando más lo necesitaba.

Por eso no aguantando más un día cuando él entró del supermercado, mientras colocaban las cosas en los armarios le dijo: — Diego, hace tiempo noto una actitud que me hace sentir que tú no me amas como antes. Ahora que no puedes tener intimidad conmigo, estás indiferente y lejano. No tienes que decirme nada, yo lo veo con tus acciones. Algunas veces ni siquiera duermes a mi lado—

Diego la miró con un gesto burlón mientras decía: —Por favor, Roxana, quien te entiende? Si estoy muy cerca de ti y te doy un beso o te acaricio, te apartas de mi, como si estuvieras cansada de que te demuestre que te amo, que quieres que rompa las reglas y me acueste contigo dañando a nuestro bebé. Eso quieres? —.

Diciendo esto, Diego salió de su casa dando un portazo, cuando regresó Roxana trató de ignorar aquel incidente y aprovechando que su madre se encontraba en la casa, hizo que Diego se olvidara del asunto y no discutieron más sobre algo, que en cierta manera él tenía la razón.

Sin embargo ella se sentía muy confundida. Por momentos pensaba que Diego si la quería realmente pues tenía detalles románticos para con ella y eso era algo que solo un hombre que amaba de verdad a su esposa sabía hacer.

No se entendía ni ella misma, cuando lo veía frío, extrañaba sus caricias, sus besos y todo lo demás y había llegado hasta extrañar el no oirlo decir que la mataría si ella lo dejaba.

Aún aquel sentimiento de control que Roxana rechazaba de su marido, le hacía falta ahora que él no se acercaba a ella ni siquiera para decirle aquellas palabras que tanto la asustaban.

Así pasaba el tiempo y la indiferencia y el mal humor de Diego crecían desmedidamente hasta que cierto día cuando Roxana y Diego salían de la oficina de la doctora, ella se acercó a él para besarlo en sus labios, tratando de revivir un poco el romance que agonizaba día con día.

Diego se apartó de inmediato y le dijo bruscamente: —Roxana, cálmate, no empieces o es que ya no te acuerdas lo que dijo la doctora?—

Ella lo miró sorprendida y un poco indignada, sin poder aguantar le dijo disgustada:—Qué te pasa Diego, porque me rechazas así? Yo solo quería darte un beso pues te noto muy frío desde hace algún tiempo. No entiendes, que ahora es cuando más necesito sentir tu apoyo?—.

Diego con una sonrisa sarcástica le respondió:—Por favor!! Me molesta que te pongas en planes que en estos momentos salen sobrando. Tu escuchaste lo que dijo la doctora hace un mes, o es que no te importa perder a nuestro hijo? Tu sabes que no podemos estar juntos, porque me provocas?—

Roxana se separó inmediatamente de él y no le habló más el resto del camino. Cuando llegaron a la casa, le sirvió su cena pero no se sentó con él a la mesa, sino que se fue a su dormitorio a mirar la televisión.

Para ese entonces, ya doña Lucía no se encontraba con ellos en el condominio pues la doctora les había dicho que ya no existía peligro alguno de que Roxana se levantara de la cama.

Ella no midió la reacción que Diego iba a tener por su actitud. No se imaginó ni por un instante lo que estaba a punto de suceder. Sin tener tiempo de reaccionar, Diego entró abruptamente en el dormitorio y con sus ojos chispeantes lleno de ira, violentamente apagó la televisión y arrebatando el control remoto de la mano de Roxana, lo estrelló contra la pared, quebrándolo en mil pedazos mientras decía: —Pero quién te crees que eres para hacerme este desplante? —.

Roxana lo miró indignada, y sin decir palabra se salió al jardincito del apartamento, Diego la siguió furioso y tomándola fuertemente de sus muñecas le dijo apretando fuertemente sus dientes:—Ya me estás hartando con tus berrinches de niñita malcriada, esas majaderías no funcionan conmigo y tú bien lo sabes. Así que, ó te sientas a comer conmigo ó te atienes a las consecuencias!!—.

Roxana no estaba dispuesta a aguantar más abusos, estaba cansada de hacer lo que él decía, de obedecerle y aún haciendo eso, Diego la maltrataba, por eso esta vez, ya no soportó más y le gritó desafiante: —Está bien, anda golpéame y demuéstrame quien realmente eres, no te tengo miedo, actúa de la misma manera como lo hacía mi papá con mi madre. No te detengas, hazlo, quiero que te parezcas a él y termines de desilusionarme de una buena vez! —.

Diego se acercó a ella y la tomó tan fuerte por sus hombros que ella creyó que su clavícula se iba a fracturar. Roxana lanzó un grito y trató de apartarse de él. Al hacerlo perdió el balance y pegó la cabeza contra una de las macetas que colgaban en el patio.

Roxana estaba fuera de si y lloraba histéricamente. Diego no la consoló, todo lo contrario, alzó su mano para golpear su rostro. Roxana con sus manos se protegió su vientre. Ella notó en el rostro de Diego, el cambió de expresión mientras bajaba su mano dando un paso atrás. La miró de arriba a abajo y con ojos chispeantes de furia, le gritó: —Eres una estúpida, como pude ser tan imbécil creyendo que eras la mujer ideal.

Estoy harto de tus berrinches. Te juro que veces quisiera largarme a los infiernos, talvez ahí sería más feliz que contigo!—

Al terminar de decir esto Diego dio media vuelta y entró al dormitorio a buscar una chaqueta y salió dando un portazo. Pasaron dos horas en las cuales Roxana se quedó sentada en uno de los sillones de la sala con su vista fija en el retrato que se habían tomado el día de su boda. Luego puso sus manos en su vientre y se lo acarició.

Pensó cuanto había cambiado Diego en los últimos meses, miró la puerta que daba a la calle y se sintió aliviada que él se hubiera ido. Se dirigió al baño y se miró al espejo.

Cuidadosamente se quitó su blusa para ponerse una camiseta de Diego. Ahí fue cuando miró las marcas rojas que Diego con sus dedos había dejado en sus hombros. Sus ojos ya no estaban llorosos. Tenía una mirada indiferente que ella misma se sorprendió.

El dolor físico en sus hombros era el único sentimiento que tenía en esos   momentos. No quería ni pensar lo que acababa de pasar. Era más fácil, olvidarse de aquello y dejar su mente en blanco.

Sus hombros maltratados le dolían tremendamente. Se dirigió a su cuarto y con cuidado se acostó con la intención de dormirse pero no lo consiguió. Dos horas y media más tarde lo escuchó abrir la puerta de la calle; Roxana cerró los ojos y se cobijó y se puso en posición fetal, para hacerle creer que ya estaba dormida.

Oyó los pasos de Diego que entraron a la cocina a tomar un vaso con hielo y alguna bebida. Unos minutos después lo escuchó entrar al baño a darse una ducha. Tal y como salió de la regadera, se tiró sobre la cama. Roxana no se movió, unos minutos después, cuando ella estaba a punto de quedarse dormida, sintió como se le acercaba.

Roxana observaba paralizada como Diego se aproximaba más a ella. Tenía terror de moverse. Su instinto le decía que huyera de aquel infierno en que se había convertido su matrimonio. Por una razón que ella misma no se explicaba no sentía las fuerzas ni la valentía para hacerlo. Fingió estar dormida y permaneció inmóvil en el lecho.

Diego, bruscamente le quitó sus cobijas mientras le gritó furioso: —Porque te pusiste este camisón? Te he dicho una y mil veces que no me gusta que duermas con ropa. Si lo que quieres es que no me acerque a ti, está bien, no te tocaré nunca más —.

Diego se levantó violentamente de su cama y se paró junto a la puerta que conducía al balcón del apartamento sin importarle que alguien lo mirara sin nada puesto. Desde ahí, dijo en voz queda: — He tratado por todos los medios de ser feliz contigo, pero no lo he conseguido, no me tienes ningún respeto, hoy me convencí. Me lo demostraste esta tarde por la manera como me hablaste—.

Sin volver la vista hasta donde ella se encontraba prosiguió diciendo: —Yo no tengo nada que hacer al lado de una mujer que me alza la voz. Prefiero estar muerto, me entiendes? Muerto que dejarme irrespetar por ti. Nunca toleraré que me hables del modo que lo has hecho hoy—.

Como Roxana no contestó y siguió sentada en la cama Diego alzó su voz un poco más y dijo: — Lo que me da una gran rabia es pensar como me dejé engañar con tu actitud de mosquita muerta. Fui un estúpido, me casé enamorado de la muchacha dulce y tierna que conocí hace siete años y esa mujer no es la misma que está en mi cama hoy, por eso ya no tengo nada que hacer aquí—.

Roxana continuaba en silencio y no reaccionaba a sus palabras, Diego entró nuevamente al dormitorio y se puso los pantalones al mismo tiempo que sacaba una maleta del closet y empacaba sus libros y su ropa.

Sacando la valija del dormitorio Diego dirigió sus pasos hacia el comedor y se encaminó nuevamente al jardincito donde una vez, meses atrás había cubierto el cuerpo de su esposa con aquellos pétalos delicadamente. Sacando el encendedor de su bolsillo prendió un cigarrillo, el cual apagó casi de inmediato.

Roxana dejó pasar unos minutos antes de acercarse hasta donde él se encontraba y temiendo que Diego estuviera realmente dispuesto a terminar la relación, se levantó de la cama, se acercó por detrás y le dijo suavemente: —Quiero pedirte perdón por mi actitud de esta tarde, creo que tienes razón, no debí hablarte como lo hice—.

Mientras Roxana pronunciaba estas palabras sentía una rabia dentro de su corazón. Ella misma no entendía como era posible que habiendo sucedido aquel incidente le estuviera pidiendo perdón. Sin embargo, era como si una fuerza interna la obligaba a hacerlo. No quería perderlo. Ella sentía que lo amaba y talvez tenía la culpa de la reacción que había tenido Diego aquella tarde.

Sin poder contener su llanto, se recostó en su espalda mientras decía sollozando: —Me duele mucho cuando estás frío e indiferente conmigo. Yo estoy acostumbrada a tus caricias y a tus besos y hoy me rechazaste cuando salimos del consultorio de la doctora—.

Sollozando cada vez más fuerte continuó diciendo:—Yo simplemente me acerqué para darte un beso, tú me apartaste y yo lo único que quería era demostrarte que te amo y sentirme cerca de ti—.

Mirándolo a sus ojos buscó sus labios, él correspondió con un ligero beso y ella inmediatamente agregó: —Tú sabes que no quisiera por nada en el mundo que algún día me dejaras, yo estoy enamorada de ti, tú eres el único hombre que ha habido en mi vida y me moriría si te vas de mi lado—.

Roxana no habló nada más y regresó al dormitorio llorando; Diego se quedó por unos minutos en el jardincito sin decir palabra. Luego entró en su habitación; Roxana no paraba de llorar, él quitándose la camisa le dijo:—Mira Roxana, ya deja de llorar, vamos a olvidar este incidente. Reconozco que perdí el control y te dije unas cuantas estupideces y te traté mal; se me fue la mano y se que te lastimé. Te ruego que me perdones—.

Luego acariciando su rostro le dijo tiernamente: —Eres una flor delicada y preciosa que no quiero maltratar. Te juro que lo que dije hoy no es cierto, jamás te dejaré; me cortaría las venas antes de abandonarte—.

Diego, se tiró en la cama al lado de su mujer y acariciando su vientre abultado y sus cabellos, continuó diciendo: — No podría dejarte, aunque quisiera, simplemente no podría vivir sin ti. Ya te lo he repetido una y mil veces si tú me abandonas, nos iremos juntos a la eternidad. Por nada de este mundo yo permitiría que vivieras lejos de mi y durmieras en brazos de otro, así que como estamos ligados el uno al otro, evitemos estas discusiones que nos hacen daño a ambos y vivamos la fiesta en paz. Nunca más quiero volver a lastimarte—.

Acto seguido Diego la abrazó. Roxana una vez más se abandonó en sus brazos y se dejó envolver por las caricias y besos de su esposo. Se llenó de satisfacción al sentirse amada por Diego como en tiempos atrás.

Despues de todo, el dolor físico que tenía en sus hombros en aquel momento no se comparaba con lo devastador que sería para ella si él se fuera de su lado. Su mente racional le indicaba que ella estaría más segura lejos de él, pero inexplicablemente sus emociones se aferraban aun más a su marido.

7

PROMETO SERTE FIEL

*H*abían pasado dos semanas, desde aquel terrible incidente, los horribles moretones en los hombros de Roxana empezaban a desaparecer. A Diego le había afectado bastante el haberse comportado de aquella manera con ella pues le molestaba más de lo que nadie se hubiera imaginado el observar las marcas en los hombros de Roxana.

Para Diego aquellos moretones era algo perturbador. Lo que más le preocupaba era no saber hasta que punto aquellos golpes habían afectado la mente de Roxana. En el fondo tenía pavor que ella lo dejara de amar y se fuera de su lado.

Conforme transcurría el tiempo, Diego demostraba su frustración por medio de su temperamento. Estaba constantemente de mal humor y aquel hombre cariñoso que despertaba a su esposa tiempo atrás en medio de caricias, cosquillas y besos había quedado perdido en la neblina de la indiferencia y de la rutina.

Un domingo, cuando Diego despertó, observó que Roxana dormía profundamente. Eran cerca de las nueve y media de la mañana. Entró al baño y se dio una ligera ducha y luego se dirigió a la cocina a mirar un partido de fútbol. Estaba a punto de freír unos huevos con tocino cuando escuchó que Roxana se había levantado y estaba en el baño.

Minutos después con un paño arrollado en su cabeza, y otro cubriendo su cuerpo, llegó hasta donde Diego se encontraba y lo saludó con un beso. El correspondió su saludo y pensó que aunque Roxana había perdido las formas de su cuerpo todavía su rostro era el mismo de cuando él la había conocido. Se alegró al darse cuenta que todavía le atraía mucho como mujer.

Después de aquel saludo, ella fue la primera en hablar: —Bueno días, amor, que quieres desayunar? —.

Roxana notó que su esposo se hallaba absorto mirando los deportes en la televisión pequeña que estaba sobre el mostrador de la cocina, y al ver que no le contestaba, le repitió la pregunta, esta vez en un tono más fuerte: —Diego, vas a comer solo cereal o quieres que te sirva unas tostadas con café? —.

Esta vez él la miró y con gran indiferencia contestó: —Solo quiero una taza de café con dos tostadas con mermelada—.

Diego no podía disimular, se sentía frío y distante de ella. Roxana tomó su mano y él correspondió al acercamiento besando su cabello.

De repente el teléfono timbró dos veces y ambos se miraron sorprendidos. Diego no lo dejó timbrar la tercera vez y con ansiedad contestó: —Bueno, quien habla?— respondió, sin tener la menor idea de que la persona que llamaba era su amigo Sebastián Mora, aquel ex compañero de parrandas de sus tiempos de soltero, al cual Diego no había vuelto a ver desde el día de su boda.

Cuando él se había casado con Roxana, Sebastián se había alejado y hoy frecuentaba otras amistades. Sebastián era un hombre divorciado tres veces y aunque tenía la misma edad de Diego, era bastante inestable y tenía varios hijos con diferentes mujeres—Soy yo, Diego, que hay de tu vida de hombre serio y responsable?—dijo Sebastián Reyes al otro lado del auricular.

Diego se había sorprendido por la llamada de su amigo con quien no hablaba desde hacía mucho tiempo. Sebastián después de saludarlo dijo de inmediato: —Hombre, nada más quiero que no te olvides de tu buen amigo. El hecho de estar casado no te prohíbe recordar viejos tiempos—.

Diego, muy feliz de oir la voz de Sebastián dijo complacido: —Caramba! Se puede saber a que se debe estar sorpresa, tienes milenios que no te comunicas conmigo, pensé que ya te habías olvidado por completo de tu amigo de antaño—.

Sin dejar de reir, Sebastián añadió: —Te llamo porque este fin de semana hay una fiesta privada en casa de un amigo que va a estar buenísima. Unas chicas hawaianas harán un show y un grupo musical muy popular estará amenizando por los tres días. Además como si esto fuera poco, va a haber comida y bebida en cantidad—

Diego paró de reir para prestar atención a lo que su amigo decía. Sebastián continuó: —Vamos hombre, anímate, pareces muerto en vida, el estar casado no te hace un monje, hace tiempo que no sales con tus amigos, dale un descanso a tu mujer y sal tú a divertirte—.

Diego muy animado dijo tranquilamente: —Claro, Sebas, sería un placer ayudarte, voy a hablar con Roxana y luego te confirmo—.

La tentación era mucha para Diego, pues a él le encantaban aquel tipo de fiestas, es más, las extrañaba y hasta casi se había resignado que no volvería a frecuentarlas después de haberse casado.

Al día siguiente cuando Diego iba camino a su trabajo, llamó a su amigo para darle la respuesta. Sebastián se carcajeaba al otro lado de la línea mientras le decía: —Caramba, hombre, eres un experto en inventar excusas, deberías darles un curso intensivo a los maridos infieles—

Cuando regresó de su trabajo aquella tarde, Diego se mostró más cariñoso que nunca con ella. Entró en el condominio y con paso seguro se dirigió hasta donde ella se encontraba. Roxana se hallaba en la sala pasando la aspiradora. Diego observó como su mujer se sobresaltó cuando sintió las manos de él alrededor de su cintura. Se volteó y él la besó en los labios tiernamente. Diego pensó que hacía mucho tiempo, no la besaba de aquella manera.

Después de saludarla le dijo: —Como sabes, ayer me llamó Sebastián Mora. Quiere que lo sustituya este fin de semana en un campamento de exploradores que planeó con sus alumnos. Me iré el viernes y regresaré el domingo—.

Luego acercando su cuerpo más al de ella le dijo labiosamente:—Te voy a extrañar mucho estas dos noches, es la primera vez que dormiremos separados desde que nos casamos—.

Luego con voz de niño mimado añadió:—He pensado que podrías quedarte en casa de mi madre por esos dos días. Cuando regrese— añadió Diego, —te llevaré al cine y luego iremos a comer a ese nuevo restaurante japonés que tanto te gusta—.

Roxana quedó pensativa e inmediatamente agregó: —Diego, si no te molesta preferiría quedarme en casa de mis padres. Tu mamá tiene muchas visitas los fines de semana y tus sobrinitos le dan mucho trabajo, no quiero ser una carga más para ella—.

Diego besando su frente le dijo mostrando una sonrisa: —Está bien, como quieras, te dejaré en casa de tus padres. Lo que no quiero es que en tu estado te quedes en el condominio solita. No estaría tranquilo ni me perdonaría a mi mismo si algo te llegara a ocurrir—.

Esa noche, antes de Roxana darle a su esposo las buenas noches le dijo: —Diego, últimamente estás más cariñoso, me gustaría saber a que se debe tu cambio?—.

Diego sorprendido y hasta un poco preocupado por aquella pregunta imprevista, pensó en algo rápido que dejara a Roxana completamente convencida y contestó en un tono suave: —Si amor, yo también me di cuenta hoy, que desde hace algunos meses he estado bastante alejado de ti. Ahora que vamos a estar separados por dos días siento que te voy a extrañar mucho—.

Despues de oir a su esposo reconocer que la había descuidado bastante en los últimos meses, Roxana puso su cabeza en su almohada. Dos gruesas lágrimas rodaron por sus mejillas, mientras pensaba si este sería el momento en que su matrimonio comenzaría a funcionar como ella lo había soñado el día de su boda. Dándole un beso de buenas noches a su marido, se adhirió a sus brazos con una sensación extraña en su estómago.

El viernes, como a eso de las tres de la tarde, Diego dejó a Roxana en casa de sus padres, tal como lo había planeado para luego encaminarse a la hacienda donde encontraría a su amigo Sebastián para divertirse a lo grande.

Una vez solo en el auto Diego se quitó su anillo de casado y lo puso en el cenicero. Entusiasmado, sacó su celular del bolsillo y llamó a su amigo Sebastián. —Amigazo?— dijo soltando una carcajada:—Ya estoy listo para el "campamento de exploradores" hombre!!

Luego prosiguió diciendo:—Bueno, no mentí del todo claro que voy a "explorar" pero muchachas guapas, de eso que no te quepa la menor duda, ella quedó segura en casa de sus padres y no sospecha nada—.

En el fondo Diego se sentía un poco culpable de dejar a Roxana en las últimas semanas de embarazo, pero la tentación de la fiesta adormecías aquellos sentimientos.

Así que siempre entusiasmado con la idea de la fiesta dijo: —De veras viejo, que está invitación me cae como anillo al dedo, ya me hacía falta respirar lejos de mi mujer por un rato. Dos años y algunos meses tengo de haber perdido mi libertad y algunas veces tengo que cargarme de paciencia para no mandarla a volar—

Antes de apagar el celular Diego se despidió de su amigo y le dijo con gran seguridad: —Bueno, hombre, te veo, más tarde, estoy en camino, yo calculo que llegaré a eso de las siete de la noche y de ahí en adelante a disfrutar de lo bueno—.

Horas más tarde en medio del bullicio, Diego había olvidado casi por completo, las palabras que había pronunciado en el altar cuando se había casado. " Prometo serte fiel hasta que la muerte nos separe"....

La música y las luces en el salón de baile que estaba situado junto a la piscina de aquel lugar, eran un poco perturbadoras pero Diego estaba encantado.

De pronto la música paró y las luces se apagaron. Había llegado el momento en que las muchachas hawaianas harían su show. Que bonito se movían, con que gracia lo hacían, de repente en la mente de Diego se cruzó la figura distorsionada de Roxana por causa de su embarazo.

Disfrutando al máximo de su libertad aquella noche, se dijo para simismo *"Definitivamente no hay punto de comparación".....* *"creo que hice lo correcto pues la vista hay que refrescarla de vez en cuando".*

Luego, dejando sus pensamientos atrás y sin darle cabida a su mente para experimentar ningún sentimiento de culpabilidad, cuando las hawaianas solicitaron a los invitados voluntarios que subieran a bailar con ellas a la tarima, Diego fue uno de los primeros que se ofreció, sin pensarlo dos veces.

Tomando un sombrero que una de aquellas lindas chicas le ofrecía, bailó despreocupadamente en frente de todos los invitados. Cuando la pieza se acabó, se acercó a aquella muchacha con la cual había bailado y le dijo al oído: —Oye, belleza, te felicito de verdad, bailaste muy bien. Tus caderas son muy bonitas y las sabes mover con gracia—. Acercándose más a ella y a punto de besarla le dijo maliciosamente: —Pero sabes lo que más me gustó? Fue la gracia que tienes para mover tu ombliguito—.

La muchacha hawaiana, acercó su cuerpo a Diego mientras lo miraba a sus ojos de una manera bastante provocativa.

Diego sintió un impulso incontrolable de besarla. Después de aquel prolongado beso, Diego agregó:—Hace mucho calor aquí, si no te importa me voy a quitar mi camisa—.

Ella asintió con la cabeza y una risilla maliciosa se asomó en su rostro. Diego realmente se sintió atraído por aquella muchacha y le dijo: —Que te gustaría tomar, yo voy a ordenar una piña colada para mí, quieres que te pida una a ti también? —.

Ella con mirada seductora le contestó: —Me llamo Sasha y tú como te llamas? —

Diego titubeó en presentarse con su verdadero nombre, luego pensó que no había conexión alguna con aquella muchacha y su vida personal, por eso no dudó en decirle: —Me llamo Diego, quieres tomar algo? —   volvió a preguntarle.   Sasha gustosa aceptó tomar la piña colada que él le había ofrecido.

Después de tomar algunas copas, Diego la invitó a bailar, de pronto, por encima del hombro de ella, su vista se encontró frente a frente con un primo de Roxana.

Haciéndole una seña con la mano a su amiguita, Diego se paró de la mesa y se dirigió donde el familiar de su esposa. —Hola Ronald,— lo saludó dándole la mano, — quiero pedirte un favor, Roxana no está aquí y no sabe que yo he venido tampoco. Por favor guárdame el secreto, no le digas a nadie que me has vuelto a ver desde el día estuviste en mi boda—.

Ronald, con mirada burlona, contestó: —No te preocupes hombre, soy soltero y todavía no tengo que escaparme de nadie, pero cuando lo tenga que hacer talvez te daré la oportunidad de pagarme este favor—

Luego con una amplia sonrisa dijo seguidamente: —Y qué? Cómo va todo? Oí que van a tener un bebé… o ya nació?—

Diego lo miró como cayendo en cuenta que era un hombre casado que esperaba un hijo y prosiguió: —No, todavía no ha nacido—.

Sin poder disimularlo, miraba impaciente a la muchacha que lo esperaba en la mesa.   Después de darle un fuerte abrazo al primo de su mujer le dijo sonriendo maliciosamente: — Mira, te dejo, pues voy a continuar divirtiéndome—.

Ronald sonriendo le palmeó la espalda diciendo:—Bueno, hombre diviértete en grande, a eso venistes no?—.

Llegando a la mesa, donde aquella muchacha lo esperaba, Diego, la tomó por la cintura, bailó unas cuantas piezas más conella y seguidamente le dijo en voz muy queda: —Mira, muñeca, estoy listo para salir de esta aburrida fiesta. Si me acompañas, nos daremos un chapuzón en la piscina del hotel donde me hospedo —

La muchacha ni corta ni perezosa, se abrazó a él y juntos disfrutaron de aquella noche a plenitud. Luego de tomar algunas copas más, se encaminaron hacia el auto de Diego rumbo al hotel La Realeza, donde pasaron la noche juntos.

Cuando Diego despertó al día siguiente eran aproximadamente la una de la tarde, le dolía un poco la cabeza pues había tomado en exceso la noche anterior.

Con su mano derecha tocó el cuerpo desnudo de aquella muchacha. La miró y le pareció una bonita aventura. Lo mejor de todo era que ella regresaría a Hawai al día siguiente y él a su rutina y jamás se volverían a encontrar.

Dudó por unos segundos si le pedía la dirección electrónica o talvez el número de su celular. Pensó que le gustaría estar con ella otras cuantas veces, pero luego cambiando de parecer se dijo a si mismo que sería mejor así, dos noches eran suficientes, de esta manera no se enredaría en algo más comprometedor de lo que talvez Roxana si se daría cuenta tarde o temprano.

De pronto, oyó que su celular timbró, Diego miró a la muchacha que se encontraba en la cama y se asustó un poco, tomó las sabanas y cubrió su cuerpo. Buscó su celular en el pantalón que estaba sobre la silla. Cuando miró que la llamada venía de Roxana lo apagó rápidamente. Con cuidado de no despertar a Sasha, se vistió silenciosamente y se salió del dormitorio.

Una vez fuera del cuarto, Diego llamó a Roxana. Carraspeando un poco, dijo suavemente: —Amor, como estás, perdona que no pude contestarte pero me estaba dando una ducha—.

Al otro lado del auricular, Roxana dijo dulcemente: —Hola Diego, me desperté pensando en ti, como has estado? —

Diego con voz de niño mimado contestó: — Bien, estoy bien, un poco aburrido, tú sabes estas excursiones con muchachos jóvenes son de mucha responsabilidad, anhelo el momento de regresar a casa—.

Después de unos minutos de conversación, dijo dulcemente: —Mira, ahora tengo que dejarte, pero te veo mañana, me haces una falta tremenda, te he extrañado como no tienes idea, te prometo que cuando te recoja te llevaré al cine y a comer tal cual te lo prometí—.

Antes de terminar la conversación Diego añadió: —Cómo te has sentido?—

Roxana dulcemente contestó: —Bien, mi amor, yo estoy bien pero te extraño mucho y quiero verte pronto—.

Diego dijo sin titubear: —Yo también te extraño—.

Rápidamente, Diego le lanzó un beso por el teléfono y le volvió a repetir: —Te amo, cuídate mucho, te veo mañana—.

Luego apagando su celular para que nadie lo molestara entró al dormitorio apresuradamente y volvió donde estaba Sasha, quien ya había despertado y le dijo en un tono sensual: —Buenos días belleza, como amaneciste? —.

Sasha lo miró coquetamente mientras Diego se olvidaba por completo de la conversación sostenida con su esposa minutos atrás.

El domingo a las cuatro de la tarde Diego salía rumbo a la casa de sus suegros para recoger a su mujer, le dolía un poco la cabeza y decidió parar en una tienda a comprar un ramo de rosas rojas, tomarse un café y unas aspirinas para quitarse la resaca.

Se sentía bastante cansado. La noche anterior había dormido muy pocas horas y se acordaba que había tomado en exceso.

Este fin de semana Diego se había dado cuenta que ese par de días le habían aliviado las frustraciones que le causaba su vida matrimonial. *"Tendré que escaparme más frecuentemente"*... pensó Diego sonriendo, *"todavía estoy muy joven para estar atado a una sola mujer"*... *"además si quiero que mi matrimonio dure para toda la vida, tendré que darme descansos como éste".* *"Ahora hasta tengo ganas de verla..."* pensaba sin dejar de sonreír.

Diego siguió conduciendo su auto dando rienda suelta a sus pensamientos: ... *Pienso que las mujeres no nos entienden, si nos entendieran nos dejarían divertirnos por lo menos un fin de semana al mes para desintoxicarnos de ellas. Alguien dijo una vez que la rutina es el cáncer de los matrimonios... En la variedad está el gusto...* continuaba diciéndose a si mismo, *... la esposa es la mujer que uno escogió por compañera pero no por eso vamos los hombres a despreciar a otras que se nos atraviesen en el camino como Sasha, por ejemplo, ...esa hembra, de verdad, estaba bien buena".*

De pronto se dio cuenta que se aproximaba a la casa de sus suegros; unos minutos más tarde, parqueaba su auto del cual se bajó de inmediato. Con paso seguro, entró y saludó a los que se hallaban en la sala.

Mirando hacia todos lados, al no ver a su mujer, preguntó por ella. Su suegra le dijo: —Diego, Roxana está en casa de Delia, mi amiga, déjame ir a buscarla—.

Diego puso una cara de pocos amigos, que hacía su mujer en la casa de aquella vieja chismosa que un día le había llenado la cabeza a Roxana en contra de él. Tragando su ira y disimulando lo más que pudo dijo a secas: —Y que hace ahí?—

Diego notó la preocupación en el rostro de su suegra quien agregó de inmediato:— Fué a copiar unas recetas de cocina—.

Doña Lucía al ver el gesto de disgusto de su yerno, limpiándose sus manos en el delantal le volvió a repetir:—Ya mismo voy a buscarla, hijo, ó quieres ir tú?—.

Disimulando Diego le dijo a su suegra amablemente: —No, vaya usted, doña Lucía, dígale a Roxana que ya nos tenemos que ir, pues estoy bastante cansado por el viaje— .

Cuando Roxana recogió sus cosas, se despidieron amablemente de todos, pero una vez se subieron al auto Diego rompió el silencio y dijo: —Estoy muy disgustado por haberte encontrado en casa de esa maldita vieja, no te acuerdas que trató de separarnos cuando te vino con chismes sobre mi? Yo venía ilusionado por verte, hasta te traía estas flores— dijo tirándolas al asiento de atrás.

Subiendo su tono de voz, continuó—Ahora se me quitaron las ganas de llevarte al cine y a cenar, así es que nos vamos directo a la casa—.

Roxana reaccionó a aquellas palabras diciendo: —Diego, no te entiendo y creo que nunca lo haré. Lo que me dices de doña Delia pasó hace mucho tiempo, solo fui a su casa a conversar un rato con mi amiga Laura y aproveché para copiar unas recetas para hacerte unos platillos nuevos y tu me castigas por esto. No sé como quieres que me comporte. Cuando trato de hacer algo que te agrada, te enojas. De verdad que no hay quien te entienda—.

Diego no contestó, estaba muy molesto pero a la vez muy cansado por el fin de semana, así es que prefirió dejar las cosas hasta ese punto.

Llegando al apartamento Roxana entró en su cuarto se quitó su ropa, se dio un baño ligero y se puso aquel camisón que Diego tanto odiaba pero que a ella le parecía tan cómodo.

Sin pensarlo dos veces se metió en su cama, mientras Diego se quedó en la sala mirando la televisión. El meditó en las palabras que Roxana le había dicho en el auto, por un momento pensó que ella tenía razón.

El no era el hombre perfecto y lo sabía. La había dejado sola todo el fin de semana para estar con otra y encima le reclamaba. Se sintió más culpable que nunca. No quiso entrar en su habitación hasta que la creyó dormida.

Cuando se acostó se dio cuenta que aquella noche Roxana tenía el camisón puesto que él tanto odiaba, sin embargo no se molestó en reclamarle, se volvió para el lado opuesto y se durmió sin darle las buenas noches.

8

EL PARTO Y SEIS MESES DESPUES

*L*as semanas transcurrían después de aquella primera infidelidad de Diego. Los problemas entre ellos parecían estar en tregua y aunque la relación en la pareja se enfriaba lentamente al menos no había empeorado.

No habían vuelto a discutir, sin embargo Diego, estaba muy distante. Por las noches algunas veces se dormía sin darle el beso de las buenas noches. Sin embargo Diego no quería que su matrimonio se convirtiera en un campo de batalla donde como enemigos pelearan continuamente, por lo tanto estaba dispuesto a pasar por alto algunos detalles menores que le molestaban de Roxana.

Una semana antes de que se cumpliera la fecha en la que Roxana daría a luz, a eso de las tres de la madrugada, ella despertó a Diego cuando sintió un dolor tremendo en su vientre. El la ayudó a levantarse para ir al baño y ahí fue cuando notaron que la cama estaba mojada. Conforme caminaban hacia el baño aquella agua oscura seguía saliendo del cuerpo de Roxana.

Ellos habían leído mucho sobre cuales eran los síntomas que ella iba a tener cuando el momento del parto llegara y sabían que el agua que el cuerpo de Roxana estaba expulsando era uno de ellos. Ambos se dispusieron a vestirse y Diego visiblemente nervioso pero con gran cuidado manejó el auto y se dirigió al hospital.

Cuando llegaron Diego parqueó y fue a traer una silla de ruedas para su esposa. Un enfermero lo acompañó a su regreso y se dirigieron de inmediato a la oficina para llenar algunos papeles y luego se sentaron en la sala de espera.

Diego tomó una revista en sus manos y empezó a hojearla mientras esperaban. Ella, de vez en cuando se levantaba a caminar dentro de la salita. Veinte minutos después de haber llegado cuando los dolores ya eran insoportables. Diego corrió a llamar a la enfermera, la cual trajo una camilla y subiendo a Roxana la condujo por un pasillo a la sala de partos.

Cuando llegaron a la puerta donde estaba la doctora que atendería a Roxana, ésta le preguntó a Diego si quería presenciar el nacimiento de su bebé. El mirando a su mujer, sin saber que decir por primera vez en casi tres años que tenían de estar casados, le pidió su opinión:—Tú decides, Roxana te espero aquí o quieres que entre contigo?—

Roxana lo miró dudosa y le dijo:—No sé Diego, realmente no sé, como tu quieras, decide tú —. Diego dudó por unos instantes, luego mirando a la doctora, añadió: —Está bien, voy a entrar—

La ginecóloga, quien esperaba pacientemente que ellos hicieran la decisión empujó la camilla y Diego la siguió por el pasillo. El parto fue rápido y sin complicaciones, una bella niñita fue el resultado final, tal como lo había mostrado el ultrasonido unos días antes que el parto se presentara.

Diego se sintió un poco confundido y bastante emocionado cuando la doctora le puso a su hijita en sus brazos, para que se la mostrara a su esposa. —Mira, amor— dijo Diego: —Te presento a Luz Estrella—.

Luego volviéndose donde se hallaba la doctora, le agradeció y se la devolvió para que la limpiara y la vistiera. Luego se acercó a Roxana, besándola en la frente, al mismo tiempo que le decía dulcemente: —Ya pasó lo peor, amor, ahora quiero verte descansar—

Roxana tomó su mano y con lágrimas en los ojos le dijo:— Diego, no lo puedo creer, es nuestra hija, creo que se parece bastante a ti— . Luego añadió sonriendo: —Gracias amor, esta pequeñita será muy feliz a nuestro lado—.

Diego la miró dulcemente sin decirle una palabra, acarició su frente y apretó fuertemente su mano. Tenía un nudo en su garganta pero cuando pudo hablar dijo sonriendo: —Quiero que descanses un rato, voy a salir por un momento pues aquí no me permiten usar el celular. Voy a avisarle a mi familia y a la tuya también que ya nació Luz Estrella—.

Diego salió de la sala de partos, quitándose aquella vestimenta que se había visto obligado a usar, se arregló un poco los cabellos y con paso firme se dirigió a las afueras del hospital para comunicarles la noticia a sus familiares y amigos.

Hoy, Diego se sentía muy feliz, es más si alguna vez había dudado si amaba a su esposa hoy sentía que la amaba más que nunca; ella le había dado una hija. La había visto sufrir, sudar y pujar para dar a luz. …."*Cuánto esfuerzo hace una mujer cuando tiene un hijo*"… pensaba Diego. …"*De veras que las mujeres son fuertes, no sé porque les dicen el "sexo débil"*"…

Aquel día, Diego experimentaba en una forma inexplicable un respeto profundo hacia el sexo femenino. Se miraba feliz, había sido padre por primera vez.

En aquel momento lo único que le pasaba por su mente era darle a su hijita todo lo que necesitaría para ser una niña feliz. El pondría todo su empeño para que las cosas en su hogar anduvieran bien y para que Luz Estrella creciera segura y confiada junto a sus padres.   Sabía que de él dependía en gran parte que su hogar caminara como debía.

Cuando Roxana fue dada de alta, ambos regresaron a la casa. El tiempo de adaptación a la nueva situación de tener que atender a un bebé recién nacido y el hecho de que Roxana no estaba completamente restablecida, mantenían a Diego en un constante mal humor.

Los llantos de la niña a media noche y el hecho de tener que levantarse desvelado temprano en la mañana para irse a trabajar contribuían a que Diego estuviera irritable todo el tiempo.

También el hecho de tener gastos extras era algo que ponía a Diego en un pésimo humor, lo cual no ayudaba a la pareja a mejorar su relación. Conforme pasaban los días, las relaciones empeoraron entre ellos.   Las discusiones tomaban lugar diariamente.

Seis meses más tarde….

Habían transcurrido seis meses desde el día que había nacido su hija. Los cambios en el estilo de vida de la pareja habían causado que Diego buscara aliviar el estrés en su hogar tomando licor casi todos los días. Cierta vez cuando Diego salió de su trabajo, unos profesores lo invitaron a tomarse unas cervezas. Sin importarle que Roxana lo esperaba en su casa deseosa de estar con él, Diego se quedó varias horas con sus compañeros bebiendo.

Roxana muy disgustada, cuando lo miró entrar ebrio e indiferente sin preguntarle si había cenado o no, continuó haciendo aeróbicos frente a la televisión.   Diego aflojándose la corbata, con sus cabellos un poco desordenados, se le quedó mirando con una mirada de desprecio.   Roxana se dio cuenta que había bebido en exceso y eso la puso furiosa pero disimuló su enojo sin decir palabra.

El mirándola burlonamente le dijo con gran sarcasmo:—Vaya, vaya, que bueno que al fin te preocupas por hacer ejercicio, ya era hora que empezaras, pensé que no te habías dado cuenta que has perdido tus curvas—.

Roxana apagó la televisión y furiosa le contestó: —Diego, a leguas se nota que has estado bebiendo, y ahora vienes a escupir tu amargura, pero me importa poco si te gusto o no. Si me quiero adelgazar lo hago por mi propia satisfacción y no para gustarte a ti—.

Alzando un poco su tono de voz continuó diciendo: —Lo hago porque quiero volverme a poner la ropa que usaba antes de embarazarme y no porque me interese lucir bonita ante un marido frío e indiferente, el cual siempre anda de mal humor y nunca sabe decir nada agradable—.

Cuando Diego oyó esto se acercó a ella, jaloneándola de un brazo y apretándole fuertemente su cara con la otra mano como solía hacerlo cuando se enfurecía, le dijo en voz baja:—Cuídate bien de lo que dices estúpida, si no te importa que yo te vea bonita, a quien diablos quieres lucirle esos vestidos? O es que ya tienes tus planes hechos y tienes alguien en mente—.

Roxana lo miró directo a los ojos con mucha rabia y en un tono desafiante le contestó: —Bienaventurado sea el hombre que me separe de tu lado algún día—.

Sin poder contener más su ira, Diego alzó su mano y la abofeteó tres veces gritando al mismo tiempo: —Anda, lárgate de una buena vez, maldita mosca muerta, me imagino que tu amante te espera donde lo citastes, pero te juro que no llegarán muy lejos—.

Roxana se limpió la sangre que brotaba de sus labios y se defendió clavando sus uñas en sus brazos mientras decía en voz muy baja:—Eres un maldito maricón—.

Diego reaccionó abruptamente a sus palabras, tirándola contra la pared sin medir su fuerza. El impacto fue tan grande que Roxana quedó inconsciente por algunos minutos.

Desde la sala se podía escuchar el llanto inconsolable de Luz Estrella quien se había despertado con el ruido que habían hecho ellos aquella noche.

Se encaminó a su dormitorio cegado por su furia sin importarle mucho que ella hubiera quedado tirada en el suelo.

Como pudo, Roxana se incorporó y aunque un poco mareada por el golpe, se dirigió a su dormitorio y en medio de sollozos, comenzó a empacar su ropa y la de Luz Estrella.

No había puesto las primeras prendas dentro de la maleta, cuando Diego la tiró al suelo, jalándole sus cabellos con fuerza. Se montó sobre su cuerpo y sacando una cuchilla de su bolsillo se la puso cerca de su cuello y con voz amenazante le dijo: —Mira desgraciada, espero que no hayas hablado en serio pues tú no sabes de lo que yo puedo ser capaz. Si lo que quieres es librarte de mi, aquí mismo termino con tu vida —.

Mirándola con ojos desquiciados de furia siguió diciendo: —En el tiempo que tienes de conocerme no has visto jamás la fiera que vive dentro de mí. No se si tienes idea de lo que puedo ser capaz —.

Roxana tirada en el suelo lloraba desconsoladamente, Diego observaba como ella trataba a toda costa de escapar del lugar donde se encontraban.

El tomándola por el cuello continuó: —No te atrevas a insinuarme que podrías irte por ahí a revolcarte con otro. Te lo dije una vez y no te gustó y hoy te lo vuelvo a repetir de una manera más clara, si tú te vas de mi lado, no vivirás para disfrutarlo. Te encontraré en el rincón más lejano del mundo. Creo que todavía no me conoces Roxana Jimenez—.

Presionando su cuchilla contra la garganta de Roxana con el afán de intimidarla siguió diciendo: —Prueba a serme infiel, te reto a que lo hagas y enfrentarás las consecuencias—.

Roxana se limpiaba la sangre que brotaba de sus labios mientras las lágrimas incontenibles no dejaban de salir de sus ojos. Estaba en estado de shock y su cuerpo no paraba de temblar. Diego la veía frágil e impotente y completamente vulnerable entre sus manos.

Ella, con una voz débil, se atrevió a decirle: —Mátame de una vez, mi vida es un infierno a tu lado. Es mejor para Luz Estrella, tú irás a la cárcel por muchos años y yo al cementerio. Anda, déjala huérfana, si eso es lo que quieres—.

De pronto Diego, como volviendo en si, guardo la cuchilla en su bolsillo y salió al jardín a fumarse un cigarrillo. La observó de reojo, como ella se incorporaba y dirigía sus pasos hacia la cocina. La miró como tomó unas cuantas servilletas de papel y unos cubos de hielo. Metió unos biberones de Luz Estrella en una olla y se encaminó al dormitorio. Diego no la detuvo. Oyó como Roxana le echaba el cerrojo a la puerta de su cuarto.

La casa quedó en silencio, solo el ruido de la televisión que Diego había encendido, se escuchaba en aquel condominio. De vez en cuando el llanto de la pequeña Luz Estrella lo despertaba cuando trataba de dormir por algunos minutos.

Diego miraba la puerta cerrada de su alcoba y meditaba sentado en la sala sobre todo lo que había ocurrido aquella noche. Gruesas lágrimas de rabia bajaban por sus mejillas mientras pensaba: —Soy un bruto, cómo pude pegarle de esa manera, me desprecio a mi mismo—.

Apagó la televisión, y salió un rato a la calle a tomar un poco de aire fresco. Se sentía frustrado y aterrorizado de si mismo. De pronto abriendo mucho los ojos se llenó de un gran pavor mientras pensaba…. *"estaba desquiciado, cómo pude poner una cuchilla cerca de su cuello. Un poco más y la hubiera matado. Yo no soy ningún asesino y sin embargo, estuve a punto de cometer un crimen horrible".*

Diego se preguntaba una y otra vez si hubiera sido capaz de matarla. Horrorizado pensaba que si ella lo hubiera provocado cuando él había puesto la cuchilla cerca de su cuello posiblemente lo habría hecho. Diego meditaba como su matrimonio se estaba desmoronando y él no sabía cómo arreglar las cosas con Roxana.

Cuando volvió a su casa unas horas después, miró el reloj y eran las dos de la madrugada. Sin poder evitarlo, vencido por el sueño, Diego recostó su cuerpo en el sofá. Aquella noche soñó con Roxana en aquel jacuzzi en el hotel de montaña donde él la depositó una vez en medio de aquellas rosas rojas y velitas donde habían estado juntos tan felices.

Al día siguiente de aquel violento incidente, Diego no fue a trabajar, tenía mucho miedo de dejar a Roxana sola en la casa. Tenía pavor que ella se escapara con su hija. Cuando Roxana salió del dormitorio en la mañana, Diego la siguió hasta la cocina mientras le decía: —Roxana, por favor necesitamos hablar —.

Roxana lo sorprendió rechazándolo y sin mucho preámbulo contestó: —Diego, en este momento no tengo tiempo para hablar contigo, mira mi ojo, me está sangrando, me duele mucho la cabeza y tengo que ver a un médico urgentemente—.

Diego un poco asustado por lo que Roxana le decía trató de convencerla diciendo: —Solo quiero pedirte perdón por lo que pasó anoche, perdí el control, piensa las cosas con calma. Que le vas a decir al médico? Yo te voy a llevar pero tenemos que pensar como vamos a explicar tus golpes. Si tú dices que fui yo quien te golpeó, iré a la cárcel y mi carrera como profesor quedará arruinada. Tú sabes que todas las parejas tienen problemas, tendrás que decir que rodaste por unos escalones o algo así—.

Diego observó que su esposa lo había escuchado atentamente y su rostro estaba visiblemente preocupado. Sin embargo su mirada lo alarmó, ya no veía los ojos dulces e inocentes de los cuales él se había enamorado.

En el auto, mientras se dirigían al hospital, con la mayor humildad posible Diego le dijo: —Perdóname, fui un bruto, un imbécil, no entiendo cómo pude perder el control de tal manera. Anoche llegué a sentirme tan mal que estuve a punto de quitarme la vida—.

La voz de Diego manifestaba claramente su arrepentimiento. El prosiguió diciendo: —Anoche me pasé de tragos. No volveré a tomar de esa manera. Estos golpes que te di me dolieron más a mí y me tienen el corazón destrozado. Por favor Roxana ayúdame, ya no estamos solos, tenemos una hija, por lo mucho que te quiero es que me puse tan violento anoche—.

Roxana lo escuchaba en silencio. A él le hubiera gustado leer sus pensamientos en aquel momento pero ella había puesto una barrera impenetrable y el percibía como si le estuviera hablando a una estatua de mármol que se encontraba sentada a su lado.

Diego parqueó su auto, cerca del hospital y la ayudó a bajarse. Trató de tomar su mano pero ella lo rechazó de inmediato. Diego con Luz Estrella en sus brazos, caminó junto a ella hacia la sala de emergencias.

En aquel momento Roxana se encontraba en un estado de confusión que no le permitía poner sus pensamientos en orden. Ni siquiera podía acordarse con claridad lo que había sucedido la noche anterior.

Después de una larga y silenciosa espera, por fin pasaron a ver al doctor. Diego se adelantó y dijo: —Doctor, mi esposa rodó por la escalera anoche, pensamos que los golpes no eran de importancia, pero su ojo hoy amaneció rojo y dice que le duele mucho la cabeza —.

El doctor la examinó cuidadosamente, chequeó sus reflejos, puso una luz en sus ojos y visiblemente preocupado, escribió una receta, la cual le entregó a Diego. Cuando ambos estaban a punto de salir del consultario, se sorprendieron cuando inesperadamente el doctor dijo: —Señor González, por favor espere en la salita con su hija y permítame unos minutos a solas con su esposa pues debo hacerle algunas preguntas—.

El corazón de Diego dio un vuelco. Se imaginó que el doctor usaría sus habilidades profesionales para sacarle a Roxana la verdad de lo sucedido. El iría a la cárcel. Preocupado miró a su hija, mientras por su mente pasaban pensamientos horribles. Se imaginó cuales serían las consecuencias que tendría que enfrentar si Roxana lo delataba.

En aquel momento pensó en escapar. Huiría donde nadie lo pudiera encontrar. De pronto recapacitó, Roxana no sería capaz de hundirlo. Decidió confiar en ella, *"yo sé que a pesar de que Roxana no me ha perdonado no arruinaría nuestras vidas confesando la verdad de lo sucedido"*.

Pasaron cinco minutos que a Diego se le hicieron una eternidad. Impaciente caminaba de un lado para otro, tratando de consolar a Luz Estrella quien lloraba sin parar, probablemente extrañando los brazos de su madre.

Cuando Roxana salió y le dijo que ya se podían ir, Diego sintió un alivio y hasta un deseo de abrazarla. Roxana tomó a Luz Estrella en sus brazos y con paso ligero caminó hacia donde se encontraba el auto.

En el camino a casa, él le preguntó que le había dicho el doctor, a lo cual Roxana respondió: —Aunque le dije que había sido un accidente, el doctor no me creyó. Me dijo que las marcas en mi rostro le decían que yo no había rodado por los escalones. Hizo ciertas anotaciones en su computadora—.

Diego veía en los ojos de ella su preocupación y eso le daba más temor. Roxana continuó diciendo: —Realmente estoy preocupada Diego, no sé cuales serán las consecuencias que ésto va a traer a nuestras vidas. Entre las cosas que el doctor me dijo, fue que él legalmente está obligado a reportar a la policía cuando sospecha de casos como el mío—

Diego escuchaba a Roxana en silencio y cada vez se sentía más preocupado al oír lo que ella decía: — Yo le aseguré que le estaba diciendo la verdad, pero él me dijo que no me creía. Diego, realmente siento miedo de que un día tú vayas a la cárcel. No quiero que esto suceda, yo creo que por el bien de los dos debemos separarnos —.

El por un instante consideró si ella tendría razón y era mejor separarse. Estaba hastiado de aquellos pleitos, su matrimonio había sido una equivocación. Ahora lo entendía bien. Su vida se había convertido en algo insoportable. Sin embargo no contestó de inmediato a la sugerencia de su esposa.

La escuchaba en silencio, mientras sus lágrimas de arrepentimiento eran incontenibles. En medio de sollozos se atrevió a decir: —Me duele tanto pensar en lo enamorados que nos casamos, creyendo que nuestra vida sería una eterna felicidad y mira en el infierno que la hemos convertido. Que nos pasó, donde se perdió el amor que nos prometimos? —.

De pronto Diego miró a Roxana y le dijo: —Si este doctor levanta cargos en mi contra, no podremos evitarlo, pero dependerá mucho lo que tu le digas a la policía y lo convincente que suenes a sus oídos. En estos casos la policía tiene que creernos a nosotros y no al doctor si nos ponemos de acuerdo en lo que vamos a decir por supuesto. —

Roxana lo escuchaba en silencio. Prefirió no hablar más, quería que fueran pronto a la farmacia a recoger la medicina. Su cabeza le dolía demasiado como para seguir discutiendo sobre lo mismo.

Cuando compraron el medicamento y Roxana se tomó su pastilla, mientras se encaminaban a la casa, ambos se notaban un poco más tranquilos sin embargo, ninguno de los dos hablaba más de lo estrictamente necesario.

Habían pasado tres días después de aquel incidente y Diego creía que su vida poco a poco estaba volviendo a la normalidad. Sin embargo aquel doctor no se había quedado conforme con el reporte del accidente y había reportado sus sospechas a la policía.

Aquella tarde, cuando Roxana preparaba la cena, había escuchado tres golpes secos en la puerta. Diego estaba tomando una mini siesta en su alcoba y se despertó sobresaltado.

Ambos se miraron como preguntándose quien podría tocar a aquellas horas. Diego se adelantó y por el ojo mágico de la puerta del condominio miró dos policías uniformados. Abrió de inmediato y escuchó a uno de aquellos agentes decir:—Buenas tardes, es esta la casa del señor Diego González? —.

Diego mostrándose sereno les dijo: —Si, yo soy Diego González, en que puedo servirles? —.

Uno de los policías inmediatamente preguntó: —Necesitamos hablar con usted y su esposa sobre un accidente que sufrió ella días atrás—.

Sin titubear Diego contestó tranquilo: —Se refiere a cuando mi esposa rodó por los escalones? Yo mismo la llevé al hospital; es a ese accidente al que se refiere, oficial? —.

Diego observó que Roxana estaba inquieta, por eso tomando su mano, la condujo con él a la sala donde ya se encontraban sentados los agentes de la policía.

El más alto de los dos policías fue el primero en hablar: —Tenemos varias preguntas para ustedes y necesitamos entrevistarlos en cuartos separados—. Diego y Roxana se habían puesto de acuerdo en la historia que narrarían en el caso que fueran denunciados por el médico, así que aceptaron inmediatamente.

Los dos policías les hicieron varias preguntas a cada uno. La entrevista duró aproximadamente una hora, luego los invitaron a pasar a la salita para que firmaran el reporte.

La entrevista fue muy difícil para Roxana. Sus emociones la traicionaron en varias ocasiones y no pudo contener su llanto, mientras se excusaba con el policía diciendo que la disculpara porque estaba padeciendo de una depresión post parto. El oficial la había presionado al máximo tratando por todos los medios de hacerla confesar cual era la verdadera razón de sus golpes pero no lo había conseguido.

Una vez la entrevista concluyó, antes de despedirse uno de los agentes había dicho: —El caso de ustedes es muy común en la agencia policial, ciertos detalles en la entrevista no concuerdan y eso nos hace sospechar que los golpes no se tratan de un simple resbalón en la escalera. Desafortunadamente no tenemos pruebas suficientes para hacer un arresto. Sin embargo sospechamos que el doctor Varela está en lo cierto. Este incidente se podría tratar de un caso de violencia doméstica—.

Diego y Roxana escuchaban a los oficiales de la policía en silencio, mientras uno de ellos dirigiéndose a Diego dijo: —Las sospechas no tienen peso si no hay una evidencia, clara y válida y como les digo no tenemos evidencia en este caso—.

Ambos oficiales los miraban serios mientras uno de ellos mirando fijamente a Diego continuaba diciendo: —Lo que si tienen que tener en mente es que hay documentación en los archivos de la policía y si en un futuro ella vuelve a ser reportada por una entidad médica, el caso que estamos investigando ahora se convertirá en evidencia clara para levantar una acusación formal en su contra. Por hoy esto es todo. Buenas noches —.

Ya en la puerta a punto de despedirse, uno de los oficiales le extendió una tarjeta a Roxana al mismo tiempo que le decía: — Señora González, si recordara algún otro detalle de su accidente, por favor le pido que me lo haga saber de inmediato—.

Los policías habían salido del condominio y ellos habían quedado dentro, sin saber que decir. Ambos estaban seguros que ya existía una documentación de los hechos en el departamento de la policía. Los oficiales habían sido muy claros al respecto. Una próxima vez que un incidente similar ocurriera, el peso de la ley caería sobre Diego sin compasión.

Al día siguiente, Roxana se levantó más temprano que de costumbre. No había podido conciliar el sueño aquella noche. Las memorias de los hechos de lo ocurrido el día del terrible incidente habían vuelto a su memoria con mayor claridad.

Cuando Diego se fue para su trabajo, ella se dirigió al dormitorio y levantando el colchón de una esquina sacó un papel que le había entregado el doctor Varela. En este papel estaba la información de diferentes albergues para mujeres abusadas. Sin pensarlo dos veces, Roxana tomó el teléfono y marcó el primer número que estaba en la lista.

Estaba completamente decidida que debía dejar a Diego para siempre. Tenía que huir con su hija. Sabía que si se iba a casa de sus padres Diego la iría a buscar. Tampoco quería preocupar a sus padres con sus problemas. No estaba segura de sus sentimientos y temía que Diego la convenciera a regresar con él. Sin embargo, la conversación sostenida con el policía el día anterior, le había dado el valor que necesitaba para hacer la llamada.

Cuando una de las consejeras del albergue contestó, Roxana pidió toda la información para llegar al lugar. La recepcionista le dio instrucciones específicas de como planear su escape y le dijo que ellos la recogerían en un punto estratégico cuando ella estuviera lista.

También le hizo saber que la dirección de un albergue de violencia doméstica es estrictamente confidencial y que por lo tanto no se le daba ni aún a las víctimas.

La consejera le dijo a Roxana que hiciera una maleta pequeña la cual debería esconder fuera de la casa. La empleada del albergue también le había recomendado que se asegurara de guardar los documentos de ella y de su niña tales como el certificado de nacimiento de ambas y la licencia de matrimonio en la misma maleta.

Roxana al hablar con aquella persona se sintió aliviada al darse cuenta que por fin podría librarse de su tormentoso matrimonio. Una luz de esperanza iluminó su rostro por un instante. De pronto, una sombra siniestra cruzó su pensamiento y la llenó de temor. Una voz en su interior, le decía claramente que ella no tendría la fuerza para separarse de Diego. Impotente ante aquel sentimiento, lloró en su cama amargamente.

Días después de haber hecho la llamada a aquel albergue, Roxana acostó a su hijita temprano y se sentó en la sala con Diego. Demostrando una gran madurez y segura de lo que había decidido Roxana dijo: —Mira Diego, he pensado muy bien las cosas y no veo otra alternativa mas que separarnos aunque sea por un tiempo—.

Diego palideció y mordiéndose los labios disimulando que no le importaba mucho lo que ella había dicho, se levantó del sofá y se salió al jardincito a fumar un cigarrillo. Quedó en silencio por unos instantes y sin voltearse dijo secamente: —Yo no puedo ni tampoco deseo retenerte a mi lado si no quieres estar a mi lado. Me duele mucho tu decisión, pero la acepto, cuando quieres irte? Donde quieres que te lleve?—.

Roxana lo miró sorprendida, Diego la estaba dejando ir, la estaba liberando de él. No la iba a detener. Lo había dicho muy claro. Que lo había hecho cambiar su decisión de jamás dejarla ir? Posiblemente ella nunca lo sabría.

De pronto su alegría se ensombreció sin poder evitarlo, donde iría? No quería volver al pueblo donde vivían sus padres. No quería ir al albergue y aceptar que estaba ahí porque Diego la golpeaba.

Sería muy doloroso para ella enfrentar la realidad de lo que había sido su vida junto a Diego. Sin poder aguantar más su dolor y la incertidumbre de no saber que hacer si escapar o no, se soltó a llorar.

Diego acercándose a ella la abrazó en silencio. Cuando se calmó, ella rompió el silencio diciendo: —Diego yo sé que si me separo de ti voy a sufrir mucho pero tengo miedo, tengo mucho miedo de estar a tu lado. Ya no me siento segura contigo—.

Diego en silencio tomó su mano y con la cabeza de ella recostada en su regazo, le acarició sus cabellos con una gran ternura, mientras Roxana poco a poco se quedaba dormida. El por su lado, confiando en que todo se arreglaría entre ellos y que al fin lograrían ser felices tal y como un día lo había soñado, la miraba con una profunda tristeza que se reflejaba en su rostro.

Meses después de aquel incidente, a pesar de que Roxana trataba de ser la misma no lo había logrado. Algunas veces se le negaba a Diego en la cama, fingiendo un dolor de cabeza u otro motivo, generalmente relacionado con su salud.

Se sentía algunas veces desanimada y en cierto modo no le importaba si su matrimonio terminaba o no. Una noche antes de dormirse, Diego, después que Roxana lo rechazó, se desahogó diciendo: —Roxana, estoy cansado de tratar por todos los medios de acercarme a ti. Algunas veces pienso si no será mejor que nos divorciemos. Estoy muy frustrado y confundido, hay momentos en que siento que nuestro matrimonio está llegando a su fin—.

Sin poder evitar a Diego se le quebró su voz mientras continuaba: —Yo trato por todos los medios de buscar un acercamiento íntimo contigo pero no logro conseguirlo. Tú te muestras fría y ya no queda nada de la muchachita con la que una vez me casé. Te dejas acariciar y besar por mi, pero hay momentos en que siento que estoy abrazando a un ser sin vida—.

Roxana lo había escuchado en silencio y cuando él terminó de hablar, ella contestó con voz segura: —Diego el amor, no se puede forzar ni fingir. Siento que todavía te amo porque sino fuera así, no estaría en esta cama contigo hoy. Sin embargo, hemos tenido tantos problemas y me siento tan herida, que realmente no sé que pensar—.

En los ojos de Roxana se asomaban las lágrimas que estaban a punto de fluir mientras continuaba diciendo: — No sé si mi amor por ti será algún día igual al que te tenía cuando nos casamos. Quisiera que así fuera, pero no está en mí revivirlo. Solo te pido que me tengas paciencia por el bien de los dos y el de nuestra hija—.

Desde aquel momento, Diego notó un cambio en Roxana. El observaba que ella estaba más cariñosa que antes y se empeñaba en volver a experimentar lo que había vivido en su pasado. El sentía que ella empezaba a perdonarlo. Quería que se dieran una oportunidad y trataran de salvar lo poco que quedaba de su matrimonio.

Por eso, tres meses después de aquella visita de la policía, una noche antes de irse a dormir, Diego miró a Roxana y cambiando su tono de voz le dijo suavemente: —Anoche en mi desesperación, de poder ser al fin felíz contigo, soñé con el hotel de montaña donde pasamos nuestra luna de miel y eso me dio la idea de llevarte a ese lugar nuevamente—.

Roxana con voz indiferente le contestó: —La solución a nuestros problemas no es ir al jacuzzi y que tu pongas flores y velitas en el agua. Si vamos a ese hotel, nos lastimaremos más recordando el pasado que ya no existe. Francamente, si te soy sincera yo no quiero ir—.

Diego la miró en silencio y luego, tratando de convencerla continuó diciendo: — Pienso que nuestra relación se está estropeando porque yo he descuidado los detalles que tanto te gustaban de mí—.

Diego desesperado trataba de convencerla por eso prosiguió diciendo: —Yo mismo hablaré con mi mamá para que nos cuide a Luz Estrella y tú y yo desaparecemos por unos días. Dame una oportunidad para demostrarte cuanto te amo. Estoy seguro que nos hará bien a ambos—.

Aunque la insistencia de Diego era mucha y Roxana se sentía débil, se mantenía firme en su pensamiento de que un viaje a aquel hotel de montaña no arreglaría la situación entre ellos.

Cierto día después de llevarla al cine y a comer, recogieron a Luz Estrella en casa de la madre de Diego. Frecuentemente Diego invitaba a Roxana a lugares donde a ella le gustaba ir. Su madre cuidaba de Luz Estrella para que ellos pudieran disfrutar de momentos a solas.

Cuando doña Luz trajo la maleta con las botellas de leche de su nieta les comentó: —Me alegro mucho de verlos tan bien. Quiero que sepan que me encanta pasar tiempo con mi nieta así que me la pueden traer cuantas veces necesiten hacerlo—.

Diego y Roxana se miraron y sonrieron. Roxana le dijo a su suegra: —Gracias doña Luz por cuidar de nuestra hija, siento que nos hace mucho bien compartir momentos como pareja. Cuídese y gracias otra vez—.

Ni la madre de Diego ni nadie que hubiera presenciado la escena, se hubiera imaginado que aquella pareja que aparentaba amarse tanto, tenían problemas tan serios. Nadie que los viera, hubiera creído que su matrimonio se les estaba quebrando poquito a poco, sin que ellos mismos se dieran cuenta hasta que punto.

9

LAS ALAS ROTAS DE CUPIDO

*T*res años habían transcurrido desde aquel incidente en que Diego había perdido el control de si mismo y la había golpeado brutalmente. Roxana todavía albergaba la esperanza de que su matrimonio poco a poco iría mejorando.

Una mañana antes de Diego salir para el trabajo, le dijo: — Hoy llegaré tarde, no me esperes a cenar, tengo una reunión en el colegio para convocar al resto de los profesores y darles el entrenamiento para usar el nuevo material del laboratorio. El entrenamiento probablemente se los dé en este fin de semana—.

Roxana haciendo un gesto con sus labios y moviendo su cabeza como negando lo que Diego había dicho le respondió: —Diego, el único tiempo que estamos juntos es los fines de semana; no puedo creer que no puedas dar ese entrenamiento durante la semana, en fin, yo pienso que buscas pretextos para alejarte de nuestra casa el sábado y domingo—.

Visiblemente molesta, Roxana continuó: —Cuando no es el entrenamiento es la excusa de las famosas "excursiones de estudiantes exploradores" con las que te vas con tu amiguito Sebastián casi todos los meses—.

Diego al escuchar su reclamo, se exaltó alzando su voz mientras decía: —Qué me estás tratando de decir, que abandone mis obligaciones? Es eso lo que quieres? Sabes que, Roxana? piensa lo que quieras, contigo no hay manera de quedar bien—.

Diciendo esto, Diego dio un violento portazo y se fue a su trabajo. Cuando iba en camino, se sentía un poco ofuscado por aquella escena. Roxana tenía razón al mencionar sus salidas frecuentes. No lo podía negar, él buscaba pretextos para ausentarse de su casa, porque estaba hastiado de que ella continuamente le estuviera reclamando.

Cuando entró a la salita de profesores, hizo un esfuerzo por sonreír a la gente que encontró a su paso. Una de las secretarias, se encontraba preparando el café y poniendo unas galletitas en una mesa. A Diego le pareció una mujer muy hermosa.

Tratando de ser amable con ella le dijo: —Buenos días, es usted la nueva secretaria del departamento de ciencias? —

Ella lo miró y asintiendo con su cabeza le contestó: —Si profesor, para servirle, es un gusto conocerlo. Hoy empiezo a trabajar aquí, mi nombre es Jimena Salinas y deseo ponerme a sus órdenes —.

Jimena Salinas era una muchacha alta, elegante, a Diego le parecía muy profesional, tenía cabellos largos, castaño claro, ojos verdes con un tono grisáceo. Diego no pudo evitar el observar las curvas bien formadas de su cuerpo.

De pronto reaccionó y le extendió su mano mientras decía: —Un placer de conocerla, mi nombre es Diego González y estoy a cargo del departamento de ciencias, así que trabajaremos juntos en varios proyectos—.

Jimena lo miró con una sonrisa que a Diego le pareció era más bien un coqueteo y continuó diciendo: —Por cierto, no acostumbro trabajar los fines de semana pero este sábado voy a darle un entrenamiento a los profesores, sobre el nuevo material que usaremos este año en el laboratorio. Me encantaría si usted pudiera acompañarnos, aunque fuera por un par de horas —.

Mientras decía estas palabras, Diego, devoraba a Jimena con sus ojos, ella tampoco podía esconder su atracción hacia él. De pronto la escuchó decir: —No solo estoy encantada de que usted me haya invitado sino que para mi va a ser una experiencia maravillosa acompañarlos en este entrenamiento. A que horas quiere que me presente? —.

Diego estaba un poco distraído sin embargo dijo sin titubear: —Nos vamos a reunir en el laboratorio del colegio. Yo estaré aquí alrededor de las ocho de la mañana. El resto de los profesores vendrán a las diez aproximadamente. Me gustaría que usted llegara un poco más temprano, si pudiera, pues así me ayudaría a preparar los materiales que usaré en el entrenamiento—.

A Diego le había encantado la nueva secretaria. No podía pedir nada más. La secretaria anterior, Sara Rubio, era muy eficiente, pero se había retirado y Diego se alegraba pues en los últimos tres años él había notado que se le olvidaban las cosas y muchas veces no le daba los mensajes de los padres de sus alumnos y eso a Diego le molestaba mucho.

Dirigiendo sus pasos hacia su aula, Diego se despidió cortésmente de Jimena mientras le decía: —Bueno, pues, ha sido un placer conocerla, la miraré el sábado entonces—.

Finalmente Diego agregó: —Disculpe, a que horas me dijo que vendría? —.

Ella lo miró coquetamente y le respondió: —Estaré aquí temprano, profesor, será un placer ayudarlo en lo que usted me necesite—.

Cuando Diego regresó a casa, Roxana había salido a recoger a Luz Estrella a la escuela. Cuando regresó, lo saludó con un "hola" al cual él contestó fríamente. Luz Estrella, se abrazó a él mientras le enseñaba unas pinturas que había hecho aquel día.

Diego pasaba mucho tiempo con su hija. En sus ratos libres, la sentaba sobre sus regazos y juntos leían algún libro, mientras Roxana preparaba la cena.

Esa noche cuando Luz Estrella se fue a dormir, Diego aprovechó el momento y mientras Roxana le servía una taza de café, le dijo: —Mira Roxana, esa escenita que me hiciste esta mañana, no quiero que jamás se vuelva a repetir. Así que te guste o no, este fin de semana estoy ocupado. Puedes aprovechar para ir de compras ó para visitar a tus padres o llevar la niña al cine—.

Roxana lo miró seria mientras decía: —Casi todos los fines de semana tienes algún compromiso, tú sabes muy bien Diego que a mi me molesta que tu amigo Sebastián llame a esta casa buscando mil y un pretexto para separarte de tu hogar. En fin, no voy a seguir discutiendo contigo sobre este tema. La verdad, es que poco me debería importar si te vas todos los fines de semana con diferentes excusas, ya me voy a dormir, tengo sueño. Te vienes a dormir o te vas a quedar aquí por un rato más? —.

Ya Diego estaba malhumorado por la conversación sostenida y respondió: —Esa pregunta sale sobrando, quien va a querer irse a la cama con una mujer que lo único que sabe hacer es reclamar? Por supuesto que me quedaré aquí hasta que sienta sueño—.

Una vez quedó solo en la sala, pensó en la nueva secretaria, *…es bien bonita….*pensó, *tendré que ser prudente, pues trabaja en el colegio y no quiero meterme en problemas en mi trabajo….*

Con Jimena en su mente, se dirigió a la cocina, sacó una cerveza del refrigerador y se fue a la cama. Roxana estaba sentada leyendo, cuando lo vio llegar, cerró su libro y sin decir palabra, apagó la luz de la mesita de noche y volviéndose de lado se dispuso a dormir. Diego ni siquiera la tocó, puso su cabeza en su almohada, pensó en Jimena por un rato y en pocos minutos ambos dormían profundamente.

A Diego le gustó Jimena más que cualquier otra mujer que le había presentado Sebastián durante sus escapadas en los fines de semana. El sábado cuando la vio llegar, quedó fascinado con su perfume.

Jimena se presentó con pantalones de mezclilla a media pierna que destacaban las curvas de sus caderas y pantorrillas. Lucía una blusa de seda roja. Traía su pelo recogido en una cola de caballo y su blusa de tirantes resaltaba sus hombros y su espalda bien formados.

Diego se sintió muy atraído por ella, por eso no aguantó más y le dijo: —Buenos días Jimena, le agradezco mucho que haya venido a ayudarme este fin de semana. Espero no haya tenido ningún inconveniente con su esposo—.

Jimena lo miró sonriendo y le contestó: —No, profesor en lo absoluto. No estoy casada—.

Diego aprovechó el momento para decirle a Jimena lo que pensaba de ella. Sin mucho preámbulo dijo a secas: —Me sorprende en gran manera que una mujer tan hermosa como usted no haya sido conquistada por un buen hombre —.

Jimena sonrojándose, sonrió tímidamente mientras decía: —No creo en el matrimonio, pienso que es la causa directa de la infelicidad de muchas personas. Desgraciadamente, no he tenido muy buena suerte en el amor—.

Ella observó el anillo de Diego, lo miró con una sonrisa un poco triste y contestó: —Su esposa debe ser muy feliz a su lado. Usted es todo un caballero. No todas corremos con la misma suerte—.

Diego estaba feliz que Jimena hubiera mencionado su matrimonio. En el futuro podría confiarle que no era como ella pensaba, por eso sin titubear le dijo: —Le agradezco sus palabras, espero no defraudarla—.

Jimena no era una mujer mala, era una muchacha que como todas las mujeres a su edad deseaba enamorarse de alguien con quien compartir su vida.

Diego se acercó a ella y le dijo en voz muy queda: —Jimena, ya están a punto de llegar los profesores, desafortunadamente tendremos que posponer nuestra agradable conversación—.

El entrenamiento tomó solamente un par de horas pues Diego se apresuró a dar las instrucciones brevemente. El estaba más preocupado por la presencia de su bella secretaria que por el entrenamiento que les debía impartir a sus colegas.

Los ojos de Jimena le indicaban sutilmente que cuanto más pronto terminara su trabajo, mayor oportunidad tendrían de continuar charlando sobre naderías.

Cuando el último de los profesores se despidió de ellos, Diego amablemente se ofreció a llevarla hasta su casa. Jimena gustosa accedió no sin antes expresarle su preocupación de que si estaría correcto aceptar su oferta.

Diego la miró con una sonrisa tierna y le dijo: —No tiene nada de que preocuparse, las amistades entre dos colegas son totalmente normales —

Jimena convencida de que Diego era un buen hombre continuó escalando en su jugueteo. Cuando llegaron a su apartamento lo invitó a pasar con la excusa de enseñarle su colección de mariposas disecadas, de la cual habían hablado en el camino.

Al entrar se descalzó y encendió el abanico que colgaba del cielo raso.

Jimena vivía en un estudio pequeño y su cama se transformaba en sofá durante el día. Diego se sentó en aquel sofá-cama y ella le sirvió un jugo de naranja mientras le mostraba su colección de mariposas.

En un momento de silencio en el que ambos se encontraban sonriendo sin motivo, Diego se aproximó hacia ella diciendo: — No sé si compartes este sentimiento conmigo pero siento una conección muy especial entre nosotros. No puedo evitarlo—.

Ella se sonrojó nuevamente y bajó su mirada. Diego la tomó suavemente en sus brazos y besó sus labios. Ella correspondió a aquel beso apasionado por algunos segundos. De pronto como reaccionando, se alejó de él diciendo: —Diego, tu eres un hombre casado, me preocupa lo que estamos haciendo. Nunca hubiera pensado que algún día besaría a un hombre ajeno—

Diego la envolvió con sus palabras contándole sus problemas matrimoniales le explicó que su matrimonio había sido un gran error. Que esa tarde se había dado cuenta que la mujer con la que él siempre había soñado se personificaba incuestionablemente en ella.

Diego embriagado por la seducción de aquella mujer, ponía en pausa su vida de casado con Roxana. Aún en brazos de Jimena le dijo casi inaudiblemente: —A tu lado se me olvidan todos mis problemas. El idilio de estar contigo doblega mi voluntad a tal punto que no quiero llegar a mi casa—.

Sin dejar de besarla y acariciarla, Diego continuó diciendo:

—El placer que he sentido hoy contigo jamás lo había experimentado antes con ninguna otra mujer. No me abandones, te necesito a mi lado. De hoy en adelante, una nueva ilusión nace en mí y si tu quieres, serás mi compañera por el resto de mi vida. Te pido que tengas paciencia conmigo. Mi situación de hombre casado, requerirá que resuelva algunos asuntos que no se pueden resolver de un día para otro—.

La entrega mutua del uno por el otro aquella tarde, sellaba la relación que hoy empezaba entre ellos.

A partir de aquel día, Diego se ausentó con mayor frecuencia de su hogar para estar junto a Jimena. Algunas veces se quedaban en casa, mirando la televisión o tomando algunas copas; en otras ocasiones Diego la llevaba a disfrutar de un fin de semana en un hotel de playa.

El sabía que Jimena creía ciegamente que las cosas en su matrimonio no andaban bien. En cierta manera era cierto. Ella, enamorada como estaba de él ilusionada pensaba casarse con Diego en cuanto finiquitara su divorcio con Roxana.

Lo que Jimena ignoraba era que Diego todavía mantenía una relación con su esposa y no pensaba abandonarla ni a ella ni a su hija por estar con su amante. Jimena se entregaba a él cuando la buscaba. No le reclamaba que se fuera de su lado y para Diego era fácil aquella situación pues no había compromiso de ninguna clase.

Con Roxana le pasaba distinto, ella representaba el hogar para él. La comodidad de tener una mujer a su lado que lo atendía y a la cual él sentía que la amaba a su manera, aunque no despertaba en él una gran pasión desde hacía mucho tiempo.

Cuando Diego se quedaba en casa, jugaban un rato con Luz Estrella. A Diego todavía le atraía su esposa, la veía bonita y cuando a él se le antojaba la buscaba en su intimidad.

Roxana lucía nuevamente delgada. Poco a poco, había vuelto a su figura de antes, más sin embargo para Diego ya no era la única mujer en su vida. Los encantos de Jimena, lo hacían desearla más que a su esposa. Creía que las amaba a las dos en una forma distinta.

Todavía no estaba seguro si lo que sentía por su Roxana, era costumbre de vivir con ella y compartir las cosas triviales de su vida ó si lo único que lo unía a ella era su hija a la cual quería mucho y no estaba dispuesto a abandonar.

Jimena sentía una inmensa alegría cuando Diego llegaba a su apartamento. Se había convertido en una muchacha liberal, con la cual él podía ir a bailar, tomarse unas cuantas copas para después irse a la cama con ella. No tenía la responsabilidad de mantenerla financieramente ni preocuparse por reclamos de ninguna clase.

Así pasaba el tiempo y cierto día unos dos meses antes de que Luz Estrella cumpliera los cuatro años, Roxana le anunció a su esposo que se encontraba embarazada nuevamente.

Aquella noticia lo tomó por sorpresa y a Diego no le agradó la idea de un segundo hijo para nada—Pensé que te alegrarías pero ya me doy cuenta que no te gustó lo que te dije— le había dicho Roxana quien por la reacción de su marido se había dado cuenta inmediatamente que no le agradaba la idea de que ella estuviera embarazada.

El disimulando y un poco mal humorado le respondió: —No empieces OK? Simplemente me molesta el hecho que no me hayas dicho que no te estabas cuidando, deberías haberme consultado sobre esto y no embarazarte así porque así. Cómo sabes tú si yo quiero tener otro hijo?—

Roxana herida profundamente por sus palabras pero disimulando su dolor, ignoró lo que su esposo acababa de decirle, tomó a Luz Estrella de su mano y le puso un abrigo diciéndole: —Vamos Lucy, se nos va a hacer tarde—.

—Van a salir?— preguntó Diego extrañado.

—Si, voy a llevar a Luz Estrella a comprarle un abrigo—, dijo Roxana en un tono bastante indiferente e inmediatamente añadió:—Quieres acompañarnos?—

—No, mejor me quedo— contestó él. — Estoy cansado y me duele un poco la cabeza—.

—OK como quieras, vamos Lucy—dijo Roxana, tomando a la niña de la mano.

Diego se dispuso a tomar una siesta en el sofá y unos minutos después de recostar su cabeza, su celular timbró.

El localizador de llamadas le decía que la llamada venía de Jimena, él se cuidaba mucho que Roxana no lo descubriera por lo cual en la pantallita azul se leía el nombre de José.

—Hola— dijo la voz suave y sensual de Jimena.

—Hola— contestó él con voz soñolienta.

Qué haces?— dijo ella con voz dulce.

—Estaba a punto de tomar una siesta, estoy exhausto— contestó Diego bostezando: —Qué lástima!— añadió Jimena, — pensé que vendrías y estoy lista para ti, pero no importa, si no puedes venir leeré un rato y me dormiré temprano, de todas maneras, ya me acosté—.

Diego se incorporó de inmediato y se imaginó a Jimena. Perfectamente sabía lo que ella le estaba diciendo sobre "estar acostada" se acordó como le gustaba acariciar aquella piel suave y juvenil.

Sin poder resistirse le dijo a secas: — Riquita con tu llamada se me quitó el cansancio, en unos quince minutos estoy en tu apartamento—

Cuando Roxana regresó ya él se había ido y regresó alrededor de las diez de la noche. Cuando ella le preguntó donde había ido, él le dijo simplemente:—Me fui por ahí, a matar el tiempo mientras ustedes regresaban—.

Haciendo un nuevo intento por salvar lo poco que quedaba de su matrimonio a Roxana se le ocurrió sorprender a Diego con algo diferente que rompiera la rutina de simplemente vivir juntos y verse las caras diariamente.

Entró en su dormitorio y se puso una bata de seda color rosa que él le había regalado recientemente. Se perfumó con la fragancia preferida de su esposo y se dirigió a la cocina donde se encontraba Diego preparándose un café. Sin decir ni una palabra, se acercó a él y sentándose en su regazo, buscó sus labios como lo había hecho alguna vez cuando estaban recién casados.

Diego sin poder evitarlo se sintió seducido por aquel acto inesperado de Roxana y con una amplia sonrisa dijo:—Caramba!! Ya hasta se me había olvidado cuanto poder tienen tus besos!!—.

Tomando su mano, entró con ella en su habitación. Diego y Roxana tuvieron esa noche un encuentro muy íntimo. En realidad él mismo no se entendía. No podía negar la atracción fuerte que sentía hacia Jimena. El problema era que le había mentido diciéndole que ya no tenía ningún sentimiento por su esposa.

En aquella noche de intimidad con Roxana, se había convencido, que nunca podría dejarla. Por eso antes de dormirse, besó a Roxana en la frente y le dijo con tono suave:—Quiero decirte que me alegra mucho que tengamos otro hijo; será muy bonito para Luz Estrella tener un hermanito o una hermanita—.

Acomodando su almohada agregó: —Me estoy cayendo del sueño, que duermas bien, buenas noches—.

Después de est   e corto diálogo, Diego apagó la lamparita de la mesa de noche y pocos minutos después dormía profundamente. Roxana, no podía conciliar su sueño. Se sentía muy emocionada por el encuentro que había tenido aquella noche con su esposo. También estaba muy satisfecha de haber escuchado que Diego se hubiera entusiasmado con la idea de tener un nuevo hijo.

Roxana reflexionaba aquella noche, cómo, aquel matrimonio lleno de amor y pasión, podía convertirse en algunas ocasiones en un infierno lleno de violencia como había ocurrido anteriormente. Se preguntaba una y otra vez, si talvez ella era culpable de aquellos incidentes.

Quizás siendo más comprensiva con Diego, podría evitar problemas en el futuro. Lejos estaba ella de sospechar que ya no era la única mujer de su marido.

10

Estoy arrepentido

*L*os meses avanzaban rápidamente y pronto Roxana daría a luz a su segundo hijo. Diego estaba más frío e indiferente que nunca. No demostraba mucho entusiasmo por el embarazo y parecía importarle muy poco que su esposa no se sintiera bien y que tuviera los malestares comunes del embarazo.

Unos tres meses antes que naciera el bebé, Diego acompañó a Roxana al consultorio de la ginecóloga pués Roxana no se sentía del todo bien. La doctora Le Franc le había dicho a Diego: — Roxana está presentando el mismo cuadro que tuvo en su embarazo anterior, será mejor que vuelvan a tomar las precauciones de la primera vez. Voy a recetarle el mismo medicamento y si continúa el problema, tendré que internarla por unos días—.

Doña Lucía, la madre de Roxana se había venido nuevamente del pueblo por unas semanas para ayudar a su hija mientras ella reposaba en cama. Diego un poco incómodo por tener a su suegra en el condominio todo el día, aprovechaba salir con cualquier pretexto para ir a visitar a Jimena.

Cierto día en que Roxana hablaba con su madre mientras tejían alguna ropita para el bebé, doña Lucía le preguntó a su hija: —Estoy un poco preocupada por ti, a mi no me puedes engañar, dime la verdad, estás segura que todo está bien entre tú y tu esposo? No me quisiera meter en lo que no me han llamado, pero noto algo en el ambiente, no sé, ustedes no son los mismos que años atrás—.

Roxana no había podido contener las lágrimas y había respondido diciendo: —Mamá, no hubiera querido que te dieras cuenta pero las cosas no andan muy bien entre Diego y yo. El problema no es nuevo, viene desde hace tiempo. No sé si es que nos hemos dejado de amar. Algunas veces siento que solo estamos juntos por costumbre—.

Roxana sin dejar de llorar, continuó diciendo: —Yo sospecho que existe alguien más. Desde que salí embarazada Diego sale continuamente. Algunas veces cuando va a hacer alguna diligencia, nunca quiere llevarnos a Luz Estrella ni a mi. Esas "diligencias" algunas veces duran por un lapso hasta de dos horas y los fines de semana casi siempre tiene algún pretexto para dormir fuera—.

Doña Lucía un poco alarmada contestó: —Hija, no sabía que las cosas estuvieran así. Siempre lo admiré y hasta te llegué a envidiar por lo cariñoso que era con ustedes dos. Sin embargo estos días, he notado que llega tarde del trabajo y se sienta en la sala a mirar la televisión. Con trabajos se levanta del sofá cuando lo llamas a cenar. Porqué no hablas con él? Quizás las cosas se arreglen, especialmente ahora que esperan un segundo hijo—

Aquella tarde, después de hablar con su madre, siguiendo los consejos de ella, Roxana recibió a Diego más cariñosa que de costumbre, le cocinó su platillo favorito y se puso uno de los vestidos que a él tanto le gustaban. Cuando él entró, la besó rápidamente en sus labios y luego agregó:

—Roxana, hoy tienes algo que te hace verte muy linda. Me gusta cuando te arreglas así. Me encanta que tengas detalles conmigo como hoy, por ejemplo que cocinaste mi plato favorito —.

Ella lo miró y acercándose a él le dijo en voz baja:—Quiero que volvamos a sentir el amor que teníamos cuando nos casamos Diego. Quiero hablar de nuestros hijos contigo. Deseo estar a tu lado abrazada a ti. Añoro tu cariño de esposo—

Roxana aprovechando que estaban solos porque doña Lucía se había llevado a Luz Estrella al parque, buscó sus labios para besarlo. Diego la abrazó y la acarició como últimamente no lo había hecho.

En aquel momento sentía que la amaba. Era su esposa, la conocía casi desde que ella era casi una niña, sin embargo la figura y el rostro de Jimena se atravesaban en su mente. *Lo de Jimena es diferente* pensaba, *es una pasión que sobrepasa mi razón. Por momentos pienso que las amo a las dos de diferente manera.*

Una vez hubo pasado aquel momento de intimidad, Diego fue el primero en hablar: —Mira amor, hace días quiero decirte que si nuestro hijo es varón lo llamaremos Luis Diego. Si es una niña, me gustaría que tu escogieras el nombre—.

Esa tarde, Diego no salió de su casa, cuando doña Lucía regresó, ambos estaban en la sala, mirando un programa de televisión. Luz Estrella corrió y se sentó en medio de los dos. Roxana poniendo la mano de su hija sobre su vientre, le dijo: — Oye mi vida, quiero que pongas tu manita aquí para que puedas sentir las pataditas de tu hermanito o hermanita—.

Diego se enterneció al ver a su hija reír junto a Roxana cuando el bebé pateaba el vientre de ella. Se sintió muy bien de ser parte de aquella escena. Tomó su mano y la posó en el vientre de su esposa mientras bromeaba diciendo: —Hola bebé, aquí estamos papi, mami y tu hermanita esperándote—.

Roxana y Luz Estrella rieron al escucharlo, Diego las besó en la frente y cargando a Luz Estrella la llevó a su dormitorio para que la niña se durmiera.

Luego entrando en el dormitorio, se acostó al lado de Roxana, tal y como lo hacía en aquellos tiempos de recién casados cuando se encontraba tan enamorado de ella. La abrazó fuertemente y se durmió junto a ella como si nunca hubieran tenido ningún problema en su matrimonio.

Al día siguiente cuando llegó al colegio, encontró a Jimena en el laboratorio. No habían llegado sus alumnos todavía. El notó que estaba molesta, se imaginó que era porque no la había visitado el día anterior.

Diego trató de besarla pero ella se quitó. Preocupado por su actitud dijo en tono suave:—Qué pasa riquita,estás enojada? —

Jimena con una mirada de pocos amigos le dijo: —Anoche no llegaste, ni siquiera tuviste la cortesía de llamarme. Había cocinado para ti y la comida quedó plantada en la mesa. No te parece que al menos pudiste haberme avisado que tenías un compromiso y no podías ir a verme? —.

Diego inmediatamente recordó la noche anterior. Se había dejado llevar por la seducción de Roxana y completamente se le había olvidado llamar a Jimena.

Con el afán de contentarla le mintió diciendo: —Riquita, perdóname, se me pasó, llegaron mi mamá a visitarnos y me entretuve hablando con ella; lo siento no me acordé de llamarte. Nunca te hago estas cosas, esta es la primera vez desde que estamos juntos—.

Luego lanzándole un beso con sus manos le dijo al oído: —Además no podrás enojarte conmigo pues tengo preparada una sorpresa para ti este fin de semana; no te la iba a decir pero como estás disgustada te adelantaré algo. Te llevaré a pasear en yate. El viaje incluye un buffet abierto con un delicioso menú de comida francesa, acompañado con vinos exquisitos —.

Jimena al escuchar a Diego, se doblegó y sonriendo le dijo: —Perdóname, osito, es que me dolió tanto que no me avisaras que no ibas a llegar. Te imaginé al lado de tu esposa y me sentí muy mal. Quisiera ser yo la mujer con la que vives. Gracias osito, te amo, nunca he estado enamorada de ningún hombre como lo estoy de ti—.

Se dieron un beso rápido pues la campana había sonado, Jimena salió del aula con unos folletos en su mano, mientras Diego quedaba en espera de sus alumnos pensativo y muy confundido.

Odiaba tener aquella doble vida. Era un cobarde. No se podía decidir por ninguna de las dos. Aunque de algo estaba completamente seguro, Roxana era la mujer que él había escogido para ser la madre de sus hijos y no estaba dispuesto a dejarla.

Diego se llevó a Jimena al hotel de playa, el viernes por la tarde, le puso de pretexto las excursiones de exploradores a Roxana para ausentarse el fin de semana. Como las cosas no estaban tan mal entre ellos en aquellos días, Roxana no le reclamó que se fuera.

Al amanecer el sábado en horas de la madrugada, Roxana empezó a experimentar unos dolores, tremendos. Sabía que había llegado el momento del parto. Llamó a casa de sus padres y de sus hermanos pero nadie contestó el teléfono. Le daba pena despertar a su suegra de madrugada pero no tenía otra opción.

No tenía con quien dejar a Luz Estrella. Cuando su suegra atendió el teléfono Roxana con una voz débil le dijo: —Doña Luz, me da pena llamarla a esta hora pero Diego no está conmigo y creo que el bebé está por nacer. No quisiera despertar a Luz Estrella. Yo puedo pedir una ambulancia para irme al hospital si usted se queda con ella — .

Doña Luz, alarmada al escuchar a Roxana dijo: —Si, mamita, estoy ahí en diez minutos. Acuéstate y relájate, ya llego. Voy para allá—.

Doña Luz se encaminó a la casa de su hijo. Cuando llegó ya los paramédicos estaban ahí. Habían puesto a Roxana en la camilla y estaban listos para llevarla al hospital.

Cuatro horas más tarde ella daba a luz a un hermoso varoncito pero esta vez, Diego no estaba con ella durante el parto. Aquel sábado se encontraba lejos de su corazón y de su vida disfrutando en un hotel de playa junto a Jimena Salinas.

La indiferencia que Diego mostró cuando Roxana lo llamó a su celular, para darle la noticia, fue pasmosa. Simplemente le dijo: —Qué bien, amor, me alegro mucho que haya sido varón y que tú estés bien. Mañana domingo llegaré al hospital como a eso del mediodía, cuídate—.

Tres horas después Diego volvió a llamarla para preguntarle como se sentía. Roxana sin poder ni querer disimular su disgusto, le dijo a secas: —No me siento bien Diego, me siento triste, no te voy a mentir. Yo contaba con que tú estarías conmigo en el nacimiento de nuestro hijo —.

Apurado por terminar aquella conversación desagradable Diego respondió: —Roxana siento mucho que el parto se haya adelantado. Debí pensar en eso antes de comprometerme este fin de semana. Déjame ver que puedo hacer para llegar cuanto antes—.

Sin decir nada más Diego apagó su celular y entró nuevamente al aposento donde se encontraba Jimena. Se metió nuevamente entre las sábanas y comenzó a hacerle cosquillas para despertarla. Dentro de él sentía que era un ser despreciable, pero con el afán de apagar sus remordimientos, buscó la boca de Jimena y la besó una y mil veces. Cuando el clímax del momento pasó le dijo tranquilamente: —Ya nació mi bebé, fue un varón, se llamará como yo, Luis Diego—.

Ella lo miró y sonriendo suavemente le preguntó? —Y qué, estás contento? —.

El la miró pensativo y encendiendo un cigarrillo, añadió: —No sé, Jimena, es un sentimiento extraño, no me siento igual que cuando fui padre la primera vez. Por un lado sí me siento realizado pues siempre quise tener un hijo varón que se llamara como yo. Sin embargo, no estoy seguro que podré ser un buen padre—.

Jimena lo miró sorprendida mientras le decía: —Que quieres decir cuando dices que no sabes si podrás ser un buen padre? —.

Diego quedó pensativo por unos segundos y contestó: —Estoy muy confundido Jimena, no quisiera hacer sufrir a nadie, mucho menos a mis hijos—.

Jimena disimulando el gran dolor que sintió al escuchar lo que Diego acababa de decir lo abrazó tiernamente mientras le decía: — Mi amor, estoy muy enamorada de ti, pero no quiero que renuncies a nada hasta que no estés completamente seguro—. Mientras acariciaba los cabellos de Diego, Jimena continuó: — Siempre estaré dispuesta a estar a tu lado mientras tu quieras estar conmigo—.

Diego observó la sombra de tristeza en los ojos de Jimena al decir aquello, por eso, besando sus cabellos dijo seguidamente: —No siempre será así, riquita, ten paciencia, dame tiempo, eso es todo lo que necesito, tiempo—.

Jimena sin poder aguantar más su tristeza, rompió suavemente en llanto mientras decía: —Diego, yo seré paciente el tiempo que sea necesario. Espero que comprendas que es doloroso para mí escuchar lo que me has dicho—.

Diego se sintió conmovido por unos momentos al percibir el dolor en la voz de Jimena. Horas más tarde con el afán de distraerla, la llevó de paseo en el yate.

Ambos reían y se divertían comiendo y bebiendo al compás de la música alegre que los amenizaba. Veían como otras familias también se divertían bailando.

En medio de aquella algarabía Diego y Jimena sufrían internamente al recordar el tormentoso conflicto que ambos estaban viviendo en aquellos momentos. Esa noche los dos un poco embriagados, discutieron, lloraron y se amaron apasionadamente.

A las nueve de la mañana del día siguiente dejaron el motel. A las doce y diez del medio día, Diego estacionaba su auto frente al apartamento de Jimena. Sin bajarse siquiera la dejó en la puerta con sus maletas. Sintiéndose un poco mal por no acompañarla hasta el apartamento donde ella vivía, miró su reloj de pulsera y le dio una disculpa diciéndole: —Riquita, perdona, pero tú sabes…—.

Ella lo cortó poniendo su dedo índice sobre los labios de Diego, al mismo tiempo que le decía: —No, por favor no te disculpes, yo entiendo, tu deber es ir a conocer a tu bebé—.

Diego bajó la ventana del auto, la besó rápidamente y le sonrió mientras tomaba su barbilla con su mano diciendo: — Espero algún día poder darte un hijo a ti también y ser feliz a tu lado—.

Ella sonrió, tomó su maleta, y entró en su apartamento. Diego sin más pensarlo manejó hacia el hospital donde estaba internada su esposa.

Antes de subir al elevador para ir a su cuarto, se detuvo en la tienda del hospital y le compró un ramo de rosas rojas y una tarjeta en la cual dibujó unos cuantos corazones junto a su firma y también compró dos o tres juguetitos para el bebé. Muy seguro de si mismo se dirigió al elevador.

Cuando llegó, Roxana estaba media dormida, se acercó a ella y la besó en la frente. Le dolió verla un poco pálida y hasta se sintió un poco culpable. Ella se volteó y al verlo con las flores, tarjeta y juguetitos en sus manos, se abrazó a él y lloró desconsoladamente en sus hombros.

—Qué pasa amor? — le dijo Diego confundido. —Porque lloras? —.

Ella sin poder parar, le decía entre sollozos: — Diego tengo miedo, tengo terror que me hayas dejado de amar. Desde hace mucho tiempo nuestra relación está muy deteriorada y de ti no queda nada más que un fantasma del hombre tierno que una vez fuiste — .

Roxana continuaba llorando y Diego sacó un pañuelo de su bolsillo para enjugar aquellas lágrimas de las cuales él se sentía tan responsable.

Ella, sin poder contener sus sollozos, continuó diciendo: —Yo pienso que tú estás conmigo por costumbre pero tu indiferencia es cada día más grande— .

Diego, preocupado miraba a todos lados, temía que las enfermeras o los doctores que estaban sentados en los escritorios de la estación de enfermería oyeran el llanto de su mujer, mientras ella continuaba diciendo:—Yo he tratado de obedecerte y ser una esposa sujeta y complaciente pero nada de eso ha servido—.

Diego sin saber que decir ni que hacer, la abrazaba diciendo: —Cálmate amor, que cosas dices, ya cálmate y relájate, yo se que estás nerviosa, pero tienes que controlarte. No pude llegar antes, Roxana, tienes que entender que tengo compromisos—.

Diego la miraba con una profunda tristeza en su mirada y acariciaba su espalda mientras decía: —Por favor ya no llores más. Talvez es cierto y me he alejado un poco de ti últimamente pero tú muchas veces cuando te busco en la intimidad me rechazas y eso me duele mucho porque yo te amo más que a nada en este mundo y lo único que quiero en esta vida es ser felíz a tu lado—.

Diego era sincero al pronunciar aquellas palabras, realmente se había conmovido al ver llorar a su esposa de aquella manera y le dolió, si le dolió mucho pues ella tenía razón, él la había descuidado mucho desde que había iniciado su relación con Jimena.

Pensaba para sus adentros: ...*He sido un bruto, la he tratado mal, le he sido infiel quién sabe cuantas veces y encima la he golpeado....*

Mientras pensaba, no podía más con su conciencia, la abrazaba y la acariciaba tiernamente mientras su garganta se anudaba y gruesas lágrimas de remordimiento rodaban por sus mejillas.

De pronto miró la cunita que se encontraba al lado de la cama de su mujer. Como Roxana ya se había calmado, Diego se acercó a su bebé y tomando a su hijo en sus brazos, lo besó en la frente y le habló así: —Hijo mío vas a tener un buen padre te lo prometo, seré también un mejor padre para Luz Estrella, tu hermanita, les dedicaré todo mi tiempo libre a ustedes y a su mami. —

Luego mirando a Roxana le dijo con gran ilusión para animarla: — Te prometo que voy a cambiar y seré el esposo y el padre perfecto que deseas tener a tu lado—.

La voz del intercomunicador anunciaba la salida de las visitas del hospital.   Diego se acercó a Roxana y se despidió con un ligero beso mientras salía con paso rápido del lugar.

Camino a casa, Diego pensó en Jimena, no sabía cómo iba a resolver su problema pero tenía que alejarse de ella.   No quería dejar a Roxana, no valía la pena, arriesgar a su familia.   Diego se había propuesto hablar con Jimena y terminar con ella definitivamente.

Absorto como estaba en sus pensamientos salió del hospital para poder usar su celular y avisar a su trabajo que se iba a ausentar por unos días debido al nacimiento de su hijo.

Cuando estaba a punto de llamar, el teléfono timbró.   Era Jimena, quien con una voz muy dulce le dijo: —Cómo estás osito? Cómo están tu bebé y tu esposa? —

Diego apurado por terminar aquella conversación le dijo a secas: —Están bien, todo está bien, pero ahora no puedo hablar contigo, te llamaré más tarde—.

Jimena insistió al notar la frialdad en la voz de Diego.

—Siempre vendrás ahora? — preguntó un poco desconcertada.

El dudó por un minuto, luego dijo:—No sé, Jimena, déjame llamarte en unos minutos.   En este momento estoy ocupado—.

Diego percibió una vez más el dolor en la voz de Jimena cuando le dijo fríamente:—Está bien, no te molesto más—.

Diego miró su celular y se lo guardó en el bolsillo visiblemente preocupado.

11

No puedo seguir contigo

*D*imena, ansiosa por haber sentido a Diego tan distante de ella en su conversación telefónica, no se aguantó más y tomando su celular se decidió a llamarlo nuevamente.

Diego estaba a punto de subirse a su auto cuando su celular sonó. No tuvo que sacarlo de su bolsillo para saber que era ella quien llamaba. Con un rostro visiblemente incómodo por la situación de conflicto en que se encontraba dijo: —Bueno? —

Jimena, con la voz sensual que la caracterizaba contestó: —Diego, entonces, que… siempre vas a venir?— Después de un largo suspiro Diego finalmente agregó: —Si, espérame, en unos diez minutos estaré en tu apartamento—

Terminando de decir esto, el teléfono volvió a timbrar. Esta vez era su mamá, lo llamaba para decirle que llevaría a Luz Estrella a la escuela al día siguiente, pero quería estar segura que él no la iba a recoger aquella misma noche para ella acostar a la niña.

Diego titubeó por unos instantes pero luego, acordándose de la cita que tenía con Jimena, dijo: —No mamá, es muy tarde prefiero que pase la noche contigo. Mañana, yo la recogeré a eso de las cinco y media de la tarde —.

La conversación terminó, pero cuando Diego estaba a punto de entrar en el apartamento de Jimena, una vez más su celular volvió a timbrar. Esta vez era Roxana. Diego un poco molesto, pues aquella llamada corroía su conciencia, disimulando muy bien respondió:

—Si, amor, dime—

Roxana con una voz muy dulce le dijo: —Te llamo porque la enfermera me acaba de informar que la doctora autorizó mi salida para mañana, después del mediodía—.

Jimena ya había abierto la puerta cuando Diego añadió: —Está bien, estaré ahí antes de las tres para llevarte a casa, por cierto mamá me acaba de llamar para decirme que recoja a Luz Estrella mañana por la tarde. Ella la llevará a la escuela, así que primero te recojo a ti y al bebé y luego vamos donde mamá y recogemos a la niña—.

Sin esperar contestación y queriendo terminar pronto la conversación agregó:—Que duermas bien, te veo mañana, cuídate— .

Diego no se había guardado su celular en el bolsillo cuando Jimena lo abrazó y le tapó la boca. Luego mirándolo fijamente a los ojos lo tomó de su mano y lo llevó a su habitación con la boca cubierta.

Besándolo en los labios, le quitó la camisa al mismo tiempo que le decía suavemente: —Te amo mucho Diego, sé que tienes obligaciones con tu familia, pero creo que también yo merezco que me des un poco de tiempo para estar contigo. Sin embargo, por el tono de tu voz de esta tarde sospecho que has venido a decirme algo que no me va a gustar y la verdad, te digo, tengo miedo de escucharte, por favor no hables todavía—.

Diego poniéndose su camisa nuevamente, en tono serio le dijo:—Espera Jimena, ya te dije que tenemos que hablar. No quiero perder el punto que debo hacer esta noche—.

Ella con una sonrisa maliciosa que cautivaba a Diego y lo enloquecía de pasión dijo con voz muy dulce: —Ya sé Diego, no voy a poder evitar que me digas lo que has venido a decirme, pero, por favor osito, déjame secuestrarte por unos minutos, antes que empieces a hablar, te lo suplico—.

Diciendo esto, Jimena se abrazó a Diego y le quitó nuevamente la camisa que Diego se estaba abotonando. El mirándola, con un poco de compasión, decidió complacerla.

Mareado por la seducción de aquella bella mujer cayó como ebrio en sus brazos, olvidando por unos minutos a lo que había venido aquella noche y como si nada entre ellos hubiera pasado, se amaron con intensa pasión.

Cuando el clímax del momento pasó él fue el primero en hablar después de lanzar un largo suspiro: —Definitivamente me siento atrapado Jimena, vine a terminar contigo pero no sé si pueda, me harías demasiada falta, no sé que me pasa pero creo que estoy enamorado de ti, sin embargo, debo ser sincero contigo, no te puedo mentir más, no tengo las fuerzas para separarme de mi familia—.

Jimena lo escuchaba en silencio y Diego observaba como en su rostro se reflejaba un profundo dolor: — Estoy muy confundido, algunas veces creo que las amo a las dos de una manera distinta, pero ya no puedo más vivir una doble vida, entiéndeme, es algo que me desgasta, estoy exhausto de mentir aquí y de mentir allá—.

Dándose cuenta Diego que Jimena estaba a punto de llorar, tomó su barbilla y mirándola a los ojos continuó:—Lo siento riquita, vendré a visitarte cuando pueda, no me hagas las cosas más difíciles de lo que ya de por si son. Tampoco quiero que me llames al celular nunca más. No me malentiendas, me encanta estar contigo, pero tengo que terminar con nuestra relación—.

Luego en voz baja casi inaudible añadió: —Tú eres una mujer joven y bella y necesitas un hombre a tu lado que te dé la estabilidad que yo no puedo ofrecerte—

Jimena no dijo nada, con lágrimas en los ojos y con una mirada extraña que Diego jamás había visto en ella antes, se dirigió a la cocina y sirvió dos copas de vino tinto y las puso en el mostrador.

Cuando Diego estaba a punto de llevarse una de las copas a sus labios Jimena la empujó con sus manos y bañó el rostro de Diego al mismo tiempo que le gritaba: —Maldito miserable, eres el hombre más desgraciado que he conocido, te odio, has jugado conmigo de la manera más vil, haciéndome creer que te casarías conmigo algún día, yo he perdido mi tiempo a tu lado y hoy me tiras como quien patea a un perro desvalido fuera de su casa—.

Luego sin que él tuviera tiempo para reaccionar, tomó la otra copa y se la lanzó a Diego en el pecho. El, sin poder controlarse, con ojos chispeantes de furia tomó a Jimena del cuello y la empujó hacia la pared a la vez que le decía: —Que te pasa estúpida? Te vas a arrepentir de lo que has hecho esta noche. Vete a los infiernos, no quiero saber nada de ti entiendes? Nada!! Hasta hoy me has envuelto con tus trucos pero se acabó, me oyes? —

Diego estaba fuera de sí y continuaba diciendo: —Se acabó y para siempre. Jamás, entiéndelo bien, jamás, volverás a verme—.

Jimena, se encontraba semidesnuda, tirada en el piso de la cocina por el empujón que Diego le dio.

Con voz queda pero intimidante le habló, a la vez que apretaba sus dientes: —No intentes dirigirme la palabra en horas de trabajo porque si lo haces no tendré compasión contigo y te acusaré con el director del colegio por acosarme sexualmente para que te despidan, oíste?—

Diego miraba como Jimena lo veía con ojos de terror y a la vez de furia. Sus insultos habían sido demasiado hirientes. Te odio,

Diego, te odio como jamás he odiado a nadie, vete, vete de mi casa y no regreses nunca!—

Después de cerrar la puerta Diego escuchó a Jimena llorar desconsoladamente. Sintió el impulso de consolarla en aquel momento pero no lo hizo. Sin pensarlo más salió de aquel lugar, dejándola sumida en el dolor que él le había causado.

Cuando estaba fuera, a punto de subirse a su auto, Diego prendió un cigarrillo, se quitó la camisa manchada de vino y se arregló un poco el cabello. Mirando una última vez la puerta del apartamento de Jimena, muy ofuscado puso su auto en marcha y se dirigió a su casa.

Cuando al fin llegó al condominio, subió los escalones y entró en su habitación; puso toda la ropa manchada en una bolsa plástica. Bajó nuevamente para meterla en su carro. Mañana la tiraría en un basurero lejos de ahí; aún enfurecido por aquella inesperada reacción de Jimena, se metió en la ducha y se dio un baño con agua bien caliente para luego meterse en su cama.

Al día siguiente, Diego se dirigió a la oficina del personal para firmar su boleta de vacaciones por una semana. Junto al mostrador se encontraban varias empleadas entre ellas estaba Jimena.

Reprimiendo sus sentimientos de culpabilidad, Diego la evadió y se dirigió a otra secretaria y con voz indiferente le dijo en voz alta —Señorita, necesito firmar la boleta que autoriza mis vacaciones por una semana. Mi esposa tuvo un bebé hace dos días y hoy sale del hospital. Si alguien me llama por favor tome el mensaje y déjelo en mi buzón, yo lo revisaré todos los días——.

La secretaria, del departamento de la administración recién empezaba a trabajar en el colegio y estaba ajena de la relación que había entre ellos por eso simplemente se limitó a contestar: — Cómo no, profesor, con mucho gusto, Ya tomé nota de todo, y lo felicito por el bebé espero que él y su esposa se encuentren bien—

Diego le agradeció con un gesto y rápidamente miró hacia donde se encontraba Jimena; ella estaba de espaldas a él ordenando unos papeles en los archivos que se encontraban detrás de su escritorio.

Diego pensó como podía estar parado ahí frío e indiferente frente a una mujer que significaba tanto en su vida. Se acordó cuantas veces la había besado y acariciado mientras daba rienda suelta a su pasión desenfrenada.

De pronto como volviendo en sí se escuchó decir: —Gracias señorita—.

Sentía un dolor profundo al haber sido ignorado por Jimena. Sintió también un deseo compulsivo de suplicarle que lo volviera a marear con sus encantos y que lo refugiara nuevamente entre sus brazos.

Sin que ella se hubiera dado cuenta, Diego la había observado; le pareció aún más bella que nunca y sus deseos por hacerla suya nuevamente lo hacían sentirse muy preocupado. El creía que aquella lucha interna con sus sentimientos por Jimena apenas comenzaba.

Diego dirigió sus pasos donde se encontraban los servicios sanitarios y minutos después salió con paso ligero. Cuando estaba a punto de poner su auto en marcha se dió cuenta que había olvidado su celular en el baño. Entró nuevamente para buscar su teléfono.

Cuando salió, la vio a lo lejos en uno de los pasillos, como abrazaba a Mirna Fuentes, una vieja profesora del colegio. Jimena parecía estar siendo consolada por aquella señora. Diego sintió un poco de temor de que Jimena se desahogara con Myrna y le contara todo lo que había entre ellos. Sintiéndose impotente ante la situación salió con paso ligero del colegio.

Subió a su auto y unos minutos más tarde Diego parqueaba frente a la puerta del hospital para recoger a Roxana y su bebé para llevarlos a casa. En el camino pasaron por la farmacia para recoger algunos medicamentos y unas cuantas latas de fórmula para el bebé y por último, recogieron a Luz Estrella.

Cuando llegaron a la casa, los estaban esperando la madre de Roxana y la de Diego, ansiosas por ayudarles en lo que pudieran. Diego pensó para sus adentros, *siento un gran alivio al no tener nada que ocultar, ni sentir la presión y la tentación de visitar a*

148

Jimena. De verdad que creo que me he quitado un problema grande de encima.

Diego se sentía satisfecho por la decisión que había tomado y seguía recordando lo que había pasado la noche anterior,... "*el asunto está terminado y arreglado por el momento, probablemente jamás me veré tentado a volver a su apartamento y es mucho mejor así pues esa relación ya estaba tomando un rumbo muy complicado....*

Mientras se decía aquellas palabras que ni él mismo se creía su corazón añoraba a Jimena más de lo que se hubiera imaginado. Diego continuó con sus pensamientos *....Ahora me siento libre de problemas de faldas y si Roxana se porta bien, seré el mejor de los maridos.....*

De pronto la miró y pensó que ella tendría que volver a bajar de peso para ponerse nuevamente atractiva ante sus ojos. El sabía que a ella no le costaba recobrar su figura, pues era delgada por naturaleza. Sería cosa de semanas y Roxana volvería a su talla diez.

Diego fue sacado de sus pensamientos cuando su suegra se acercó para ofrecerle algo de comer. Aceptando amablemente, se sentó a la mesa y disfrutó de aquella cena tan hogareña junto a su esposa, su suegra y aquellos dos niños que no tenían ninguna culpa de sus conflictos sentimentales.

Cuando terminó de cenar, Diego ayudó a Roxana a levantarse y la llevó a su habitación con el bebé en sus brazos. Su madre y su suegra conversaban en la sala, mientras Luz Estrella miraba la película de Blanca Nieves y los Siete Enanos. A Diego le parecía que en su casa al fin se respiraba el aroma de un verdadero hogar.

Una vez solos en la habitación Diego poniendo al bebé en la cunita, miró a Roxana y le pareció que estaba muy pálida. En ese momento la recordó cuando ella una vez se había puesto aquel bikini azul que él le regaló, para que lo acompañara al club campestre.

Cuando se acostaron, Diego le pasó su brazo por el hombro y le dijo tiernamente:—Adivina que estoy recordando? Pienso en como pasa el tiempo de rápido. Te recuerdo cuando te presenté con mi familia, que bella lucías y como yo no creía en nadie cuando remábamos en aquel lago. Quiero que sepas que todavía estoy locamente enamorado de ti — .

Poniendo sus manos sobre las caderas de Roxana continuó diciendo: —Tengo la fantasía de que me esperes cuando yo regreso del trabajo en ropa bien livianita, como lo hacías cuando estábamos recién casados—.

En cuanto te recuperes, iremos nuevamente a la boutique y te compraré unos cuantos vestidos—.

Diego la besó en la boca, Roxana respondió al beso pero se quitó pronto, apartándose un poco de su marido: —Que te pasa? Le dijo él sorprendido. —Diego no podemos— le dijo Roxana —

—Acabo de llegar del hospital no puedo tener nada contigo hasta que pase la cuarentena—

Diego ignorando lo que ella le había dicho, le quitó su blusa mientras le decía al oído sonriendo: — Amor, no temas, no te voy a lastimar. Vamos a jugar a que somos novios —.

La estrechó entre sus brazos y la besó tiernamente.   Pensó nuevamente en Jimena y sintió deseos de visitarla. Sinceramente en aquellos momentos le apetecía más tocar la piel de aquella otra mujer que la de su esposa.

Sin embargo se sostuvo y como aferrándose a su rol de hombre casado le dijo dulcemente: —Bueno, te dejo para que descanses. Yo voy a mirar un rato las noticias y a conversar con mi mamá. Está un poco molesta conmigo porque no estuve contigo a la hora del parto. Ya arreglé la habitación de tu mamá, no te preocupes por Luz Estrella, yo la acostaré en cuanto lleve a mi madre a su casa—.

Besando su frente rápidamente le guiñó un ojo. Antes de salir de la habitación cambió el pañal de su hijito, lo envolvió cuidadosamente en su cobija el cual se durmió profundamente.

Satisfecho, se encaminó a la sala, pensando en que podría ser el mejor de los maridos si ella cooperaba siendo complaciente con él sujetándose a él como la mujer suponía hacerlo.

Habían pasado unos cuantos meses de su rompimiento con Jimena; cierta mañana cuando llegó a su trabajo, sin poder aguantar su ansiedad por hablarle, se acercó a ella y le dijo: — Como estás, yo no estoy muy bien, te extraño demasiado, riquita—.

Diego se sorprendió al observar la mirada indiferente de aquella mujer que no parecía ser la misma que él había visto tantas veces.

Hasta su manera de vestir había cambiado, sin mucho preámbulo Jimena le dijo a secas: —Yo estoy bien, siento mucho que tú no puedas decir lo mismo—.

Sin despedirse de él, Jimena se dirigió a su escritorio para continuar con su trabajo. Algo había cambiado en ella y Diego, no sabía que era. La había notado muy indiferente. *...Debe estar envuelta en otra relación*, pensó. *No parece ser la misma persona. No entiendo que le pasó, en otros tiempos se hubiera abrazado a mí llorando...*

Con estos pensamientos en mente se dirigió a su clase. Jimena ya no quería tener ningún tipo de relación con él por alguna razón que Diego desconocía. Un poco aturdido todavía empezó su clase cuando el timbre de la campana anunciaba el primer período.

12

DOS NOTICIAS INESPERADAS

*L*as hojas del calendario marcaban el tiempo y ya habían transcurrido casi cuatro años desde que Luis Diego había nacido. Las promesas de Diego de cambiar no habían prosperado. Los problemas entre ellos crecían conforme pasaban los años. Las explosiones de Diego eran muy frecuentes y aunque no la había vuelto a golpear desde la vez que la policía los había advertido, no faltaban los empujones y los jalones de brazo.

Las reconciliaciones románticas que hacían sentir a Roxana tan bien, habían desaparecido casi por completo. Roxana se estaba acostumbrando a las discusiones acaloradas con su marido y a la indiferencia y frialdad por parte de Diego. Su relación como pareja era totalmente disfuncional. Pronto cumplirían su octavo aniversario y este año, por primera vez no habían hecho planes para celebrar la ocasión.

Luz Estrella tenía seis años y Luis Diego estaba por cumplir los cuatro; los dos niños se habían acostumbrado a escuchar a sus padres discutir con frecuencia. Estaba claro para cualquiera que visitara aquella casa que Luz Estrella y Luis Diego no tenían el hogar ideal que Roxana y Diego un día soñaran darles; por el contrario, la relación que tenía aquella pareja vaticinaba una separación a corto plazo.

Un domingo por la mañana, cuando Diego se rasuraba, Roxana entró al baño y sin motivo aparente le hizo un reclamo que sorprendió a Diego por completo: —Hace semanas no nos llevas a ningún lugar y ya estoy harta de estar metida en la casa.
Mis hijos necesitan divertirse como lo hacen sus amiguitos. En fin tendrán que conformarse, pues te has convertido en un padre aburrido, pareces un viejo, ni siquiera un abuelo actuaría como tú—.

Al escucharla, Diego le gritó furioso: —Mira, contigo no se puede. Ahora me quedo en casa los fines de semana y tampoco estás contenta. Qué quieres que vuelva a largarme los fines de semana. Eso quieres? Sabes qué? Siento que estaba mucho mejor cuando tenía a mi amante, por lo menos me libraba de tus reproches durante los ratos que estaba con ella.

Roxana quedó como paralizada al escuchar aquella confesión inesperada. Diego la miró con tono burlón y continuó diciendo: —Si, entérate de una buena vez, se llama Jimena Salinas, la abandoné aún creyendo que la amaba. Sin embargo te escogí a ti y a mis hijos, eres una malagradecida. La dejé para quedarme a tu lado y aún así no estás contenta; sabes que? Vete al diablo. Me tienes harto, contigo nunca voy a quedar bien—.

Roxana había quedado totalmente anonadada al oírlo. Entonces era verdad, tal como ella lo había sospechado, Diego había tenido una amante. Hoy veía todo claro; mientras ella estaba teniendo a su hijo, probablemente él se revolcaba en una cama con su amante.

Roxana en aquellos momentos veía a Diego como un ser monstruoso que había destruido su vida. Era denigrante aquella confesión. No podía creerlo que su marido fuera tan descarado.

Sin aguantar más le gritó sin experimentar temor alguno: —Como puedes ser tan descarado Diego! En cierta manera agradezco que me lo hayas dicho. Tus palabras me han dado el valor que necesitaba desde hace tiempo para comenzar los trámites del divorcio—.

Aquella noche Roxana no había podido conciliar su sueño le daba una gran rabia el pensar que mientras ella daba luz a su hijo Luis Diego, él estaba en la cama con Jimena disfrutando de una pasión tan denigrante para ella.

Pasaron varios días después de aquella confesión. Roxana estaba completamente decidida a divorciarse de él. Un lunes por la tarde cuando Diego regresó de su trabajo, Roxana lo llamó a la sala y le dijo: —Mira Diego, tenemos que hablar, no quiero hacerlo frente a los niños, por eso los mandé a casa de tu mamá.

Después de lo que me dijiste la semana pasada, no puedo seguir contigo. No creo que nunca te pueda perdonar. Por eso quiero que me des el divorcio. Ya hablé con un abogado amigo de mi hermano Daniel y él me dijo que está dispuesto a tramitar nuestro divorcio sin cobrarnos un centavo. Así que no tendrás que preocuparte en ese aspecto—.

Roxana con un nudo en su garganta continuó diciendo: —Ahora, me tengo que ir, no tengo tiempo para discutir el problema, mi mamá me llamó esta tarde para decirme que a mi papá le dio un infarto y está muy grave. Lo trasladaron en ambulancia al hospital San Marcos y voy para allá en este momento. Luego discutiremos sobre la decisión que tomé y cuando firmaremos el divorcio. No creo que venga a dormir esta noche, así que no me esperes. Me quedaré al lado de papá en el hospital—.

Diego palideció al escuchar las dos noticias inesperadas. Con un gesto de humildad, Diego dijo súbitamente: —Roxana, te veo bastante ofuscada por lo de tu papá. Si me hubieras llamado al trabajo cuando te avisó tu mamá yo me hubiera venido inmediatamente. Tú sabes lo que yo estimo a don Rodrigo—.

Roxana, no tenía ganas de llorar, se sentía fuerte y quería terminar la conversación con Diego a toda costa. No podía negarlo, se sentía incómoda de estar frente a él en aquellos momentos.

Roxana solo quería estar con su padre. Diego quedó en silencio en espera de una respuesta de ella. Roxana observó un aire de preocupación en el rostro de su esposo.

Diego rompió el silencio diciendo: —No voy a permitir que te vayas sola para el hospital. Voy a llamar al trabajo y yo te acompaño. Iré contigo espérame —.

Roxana verdaderamente estaba muy angustiada por su padre y no le contradijo; se sentó en un sofá y esperó que él fuera a la cocina a traer su celular para hacer la llamada.

Diego se encaminó a la cocina y tomando su celular, llamó a su trabajo pidiendo un sustituto para el día siguiente y luego sin consultarle a ella, llamó también a su mamá y le dijo en un buen tono: —Mamá tu crees que puedes cuidar a Luz Estrella y a Luis Diego por dos días? Tengo que resolver dos asuntos muy importantes con Roxana y no quiero que ellos estén presentes cuando hablemos. Don Rodrigo sufrió un infarto y parece que está muy grave en el Hospital San Marcos. Voy a acompañar a Roxana a verlo y no regresaremos al condominio por lo menos por esta noche—.

Su madre preocupada al otro lado del auricular contestó: —Hijo, me preocupas, Roxana me dijo que tenían que discutir algo en privado pero que ella recogería a los niños al anochecer.

A mi no me inquieta en lo absoluto dejarlos durmiendo aquí, pero me preocupa la salud de tu suegro. Roxana no me comentó nada sobre la salud de su padre. Tu sabes que ella es un poco callada, nada más me dijo que si podía cuidar a los niños y yo le dije que encantada de hacerlo. Tú sabes como me gusta estar con ellos—.

Durante el camino al hospital, ambos iban silenciosos. Diego se notaba tan preocupado como Roxana. En aquel momento los dos se encontraban enfocados en el problema de salud de don Rodrigo.

Cuando llegaron al hospital, entraron juntos. Don Rodrigo se encontraba en la unidad de cuidados intensivos y solo les permitieron unos minutos para estar con él. Estaba entubado y con muchas máquinas a su alrededor las cuales, identificaban cualquier cambio en el estado crítico en el que se hallaba.

Roxana salió llorando de la habitación y se abrazó a su madre. Diego la observaba mientras conversaba con los hermanos de ella sobre la situación de su padre y los pormenores de su salud.

Cuando estaban todos en la salita de espera, el doctor Manzaneros, salió del cuarto donde se encontraba don Rodrigo y les dijo: —No puedo engañarlos, la situación de don Rodrigo se ha agravado. Acaba de sufrir un derrame cerebral. Si lo sobrevive, el lado izquierdo de su cuerpo quedará totalmente paralizado. No podrá volver a caminar ni a hablar. Trataré de darle una terapia intensiva, pero no prometo nada. Su corazón está muy delicado y en cualquier momento le puede dar otro infarto masivo—.

Nadie dijo nada, todos bajaron su cabeza y agradecieron al doctor por sus servicios, Roxana se abrazó a su madre. Diego en una demostración de apoyo puso sus manos en las espaldas de su suegra y esposa mientras las dos lloraban.

Roxana y su madre decidieron pasar la noche en la salita de espera del hospital. Diego se quedó junto a ellas para acompañarlas.

En un momento en que doña Lucía entró al cuarto a ver a su esposo, Diego aprovechó el momento y le dijo a Roxana: —Quiero que sepas que en estos momentos difíciles estaré completamente a tu disposición, en lo que me necesites—.

Roxana se levantó de su lado y junto a un ventanal que estaba cerca, lloró en silencio.

En los próximos días que transcurrieron, Roxana notó un cambio en su esposo. Diego pidió una semana en su trabajo para estar con ella. Los niños se quedaron al cuidado de la madre de Diego y ellos se trasladaron temporalmente al pueblito donde vivían los padres de Roxana. Diego la acompañaba todos los días a visitar a su padre al hospital y se quedaban ahí por largas horas.

Los doctores les habían dado esperanzas que don Rodrigo sobreviviría sin embargo la parálisis era algo irremediable.

Durante estos meses de angustia, Diego se portó muy atento con ella. No discutía para nada e iba a todos los lugares donde ella frecuentaba con sus hijos. Un día hasta le trajo un ramo de flores y en su intimidad se portaba tierno con ella y había vuelto a decirle las palabras bonitas que a Roxana le encantaba oír.

Pasaron seis meses y don Rodrigo bastante recuperado dentro de lo que cabía de acuerdo a su estado precario de salud, había vuelto al pueblo y bajo los cuidados de su esposa y los hermanos de Roxana, poco a poco se recuperaba. Su rostro se iluminaba cada vez que ellos lo visitaban con los niños.

Don Rodrigo había quedado paralítico y eso lo había atado a una silla de ruedas por el resto de su vida. Tenía muchísima dificultad para hablar y estaba recibiendo una terapia intensiva para mejorar su lenguaje.

Los doctores pronosticaban que si don Rodrigo no recibía disgustos o se contrariaba por algo, su salud permanecería estable de acuerdo a su condición y eso era algo que alegraba mucho a Roxana y a su familia.

El tema del divorcio no se había vuelto a mencionar. Todo había quedado en pausa por motivo de la salud de don Rodrigo. Quizás Roxana tenía miedo de darle un disgusto a su padre cuando se diera cuenta que Diego no venía a visitarlo con ella y sus hijos los fines de semana. Roxana sabía que una de las mayores alegrías que su padre tenía era verla a ella con su esposo y sus niños.

Cuando visitaban a su padre, Diego entretenía a don Rodrigo con sus bromas y en medio de su delicada salud lo hacía pasar ratos muy agradables.

Cierto día Diego regresó de la escuela temprano y cuando ella estaba a punto de servirle su cena, él le comentó que le gustaría llevarlos a la playa el fin de semana.

Cuando se sentó a la mesa Diego dijo alegremente: —Amor, estoy feliz por el progreso de tu padre, me contó Federico que el doctor está admirado de lo bien que se encuentra don Rodrigo. Eso me hace muy feliz. Es por eso que quiero que celebremos este fin de semana, además podemos aprovechar para también celebrar nuestro octavo aniversario—.

Los niños saltaron de alegría al escuchar a su padre y le rogaron a Roxana que aceptara. Roxana entusiasmada con la idea de hacer feliz a sus hijos, los cuales habían sufrido por culpa de su deteriorado hogar, aceptó gustosa y ambos escogieron un paquete espléndido que incluía actividades para toda la familia.

Aquel primer día de su vacación ambos lo disfrutaron a plenitud con sus hijos. Cuando se fueron a dormir aquella noche, ambos estaban exaustos por un día lleno de diversión. Cuando se disponían a dormir, Diego rompió el silencio diciendo: —Veo muy claro que he sido un canalla contigo. Pedirte perdón saldría sobrando en este momento. Solo espero que con el tiempo te des cuenta que estoy haciendo un gran esfuerzo por salvar nuestro matrimonio —.

Roxana no contestó nada, llorando en silencio se volteó hacia el lado opuesto donde estaba él y se dispuso a dormir. Diego la escuchó llorar pero no la consoló. Permaneció callado mientras meditaba en lo que había sido su vida hasta aquel día.

A la mañana siguiente, después de desayunar, Diego los invitó a dar un paseo por la playa. En cierto momento en que los niños se detuvieron a jugar con las olas Diego los llamó y tomando la mano de Roxana les dijo: —Quiero decirles que papi y mami se aman y aunque hayamos tenido problemas, de hoy en adelante seremos una familia muy feliz, se los prometo. Nunca más verán a sus padres discutir nuevamente—.

Los pequeños sonriendo, se regresaron a jugar al mar, mientras Diego y Roxana los miraban abrazados uno al otro. Diego acarició su cabello muy brevemente.

Roxana sonrió forzosamente y él la tomó de la mano y se encaminaron hacia donde se encontraban sus hijos nuevamente. Se sentaron cerca de ellos y se dispusieron a construir un castillo de arena en aquella hermosa playa.

Aquella tarde mientras sus hijos habían salido con un grupo de la excursión, a buscar ranas, Diego y Roxana compartieron una cena íntima en la terraza de aquel hotel de lujo. Diego haciendo un esfuerzo más por que ella olvidara su infidelidad con Jimena, trató de hacerla reir con las bromas que un adolescente le daría a su novia cuando la está conquistando.

Ella haciendo a un lado sus bromas le dijo seriamente: — Diego, aún no te he perdonado, sin embargo, tus acciones en el futuro, serán lo único que me lograrán convencer si en realidad debo continuar a tu lado—.

Pasaron aproximadamente nueve meses después de aquella hermosa vacación y aunque Diego trataba de ser el mismo de años atrás, no conseguía lograr la conexión sentimental con ella.

Cuando llegaba del trabajo, jugaba con sus hijos, tenía intimidad con Roxana cuando sentía buscarla y la mayoría de los fines de semana, los pasaban en casa de los padres de ella.

Algunas veces cuando llovía demasiado, alquilaban alguna película para sus hijos ó salían a comer a un restaurante. De vez en cuando iban a las tiendas, pero Roxana observaba en Diego un tedio, que no podía disimular.

Sin embargo todo estaba bastante estable entre ellos y ella progresivamente confiaba en el cambio de Diego hasta que una madrugada Roxana despertó y se dio cuenta que Diego no estaba a su lado.   Sin hacer ruido, se acercó a la puerta del baño y lo escuchó hablando en voz muy baja.

Sorprendida, oyó cuando Diego dejaba un mensaje en el teléfono de una persona.   Ella lo escuchó cuando decía : — Necesito hablar contigo, dime cuando puedo ir a verte—.

Al día siguiente cuando Diego se levantó para irse a su trabajo, Roxana aprovechó el momento en que él se duchaba y marcó el número en el cual él había dejado el mensaje.

Una voz femenina contestó el teléfono y dijo: —Diego, si me llamas una vez más, me veré obligada a cambiar mi número telefónico—.

Al Roxana escuchar esas palabras, simplemente añadió: —Señora, no es Diego quien la llama, soy su esposa—.

Jimena se sintió mal al estar hablando con la esposa del que una vez había sido su amante y dijo simplemente: —Disculpe señora, no sabía que era usted, hay algo en que la pueda ayudar? —.

Roxana sin darle ninguna explicación cerró el celular suponiendo que la persona a la cual ella había llamado era probablemente una de las tantas mujeres que habían pasado por la vida de Diego.

Como ella trataba a toda costa de salvar su matrimonio, decidió no reclamarle a Diego por aquella llamada. Ella sabía que iban a volver a discutir y la pesadilla nuevamente empezaría.

En ese momento, ella trataba de evadir confrontaciones con su esposo. Sentía que lo hacía más por sus hijos que por ella misma.

Sin embargo aquella llamada de Diego en la madrugada, abría nuevamente un abismo en su matrimonio el cual devoraba las esperanzas y la confianza que habían renacido en ella meses atrás con respecto a que su matrimonio sería para siempre.

13

LA INVITACIÓN

*U*nas cuantas semanas después de la llamada que Diego le hiciera a Jimena, un día mientras él miraba los deportes, Roxana recogió el correo y se encontró con un sobre extraño, que más bien parecía una invitación.

Lo abrió y se dio cuenta de que sus compañeros de graduación la invitaban a celebrar los diez años haberse graduado de la secundaria.

Corrió hasta donde se encontraba Diego y le dijo: —Mira, Diego, nos llegó una invitación. Es de Laura, cumplimos diez años de graduadas. Es este domingo en un club campestre. Aquí me mandó la dirección. Quisiera que fuéramos; van a ver actividades para los niños, podemos pasarla muy bien. El lugar está como a dos horas de aquí—.

Diego tomó la invitación en sus manos, la leyó rapidamente y se la devolvió de inmediato diciendo: —Bien sabes que estas fiestas me aburren Roxana, son "cursi" y tediosas. No sé, tengo que pensarlo. Tu amiguita Laura, bien sabes no es santo de mi devoción. En fin déjame pensarlo luego te digo si vamos o no—.

Ella, quien lo conocía muy bien y sabía cómo y cuando decirle las cosas para que él dijera, que sí, no volvió a mencionar el asunto de la reunión más sino que esperó a que llegara la noche del día anterior a la reunión.

Se puso un vestido muy sexy, uno de los favoritos de su esposo, se arregló su cabello recogiéndoselo en un moño hacia arriba que combinaba muy bien con el discreto maquillaje en su rostro.

El vestido verde claro sin tirantes con lentejuelas en el área del busto destacaba sus pechos bien formados.   Aquel traje se ajustaba a su cuerpo y destacaba su espalda, hombros y senos de tal manera que cualquier hombre se hubiera sentido seducido por ella.

Diego se lo había regalado el año anterior para su aniversario y ella sabía que era uno de sus favoritos. Mientras esto ocurría, sus hijos dormían profundamente en su habitación. Eran alrededor de las once y media de la noche.

Ella lo miró con una sonrisa provocadora.   Diego con ojos pícaros y soltando una carcajada le dijo: —Eres tremenda, Roxana, será por eso que me obsesioné contigo desde el día que te conocí?   Pero mira, como ha cambiado la niñita inocente de la cual me enamoré!! Se ha convertido en toda una vampiresa!! —dijo Diego sin parar de reír y luego añadió inmediatamente: —De verdad que cuando te lo propones, me vuelves loquito niña!! —.

Ella acarició sus cabellos y lo besó apasionadamente. Diego mareado por su seducción, cayó en sus brazos mientras decía: —De verdad Roxana, me confundes, como me gustaría que siempre fueras así conmigo, me tendrías a tus pies todo el tiempo. No sé porque no haces esto más seguido—.

Diego embriagado por las seducciones de su mujer se entregó en una forma total. Cuando el clímax del momento pasó, ella dulce como una gatita que ama a su amo, finalmente lo convenció que la llevara a la reunión de graduados.

Cuando llegaron a la fiesta se dieron cuenta que se trataba del mismo lugar que los tíos de Diego habían alquilado años atrás para celebrar su aniversario de bodas.

Ella se acordó inmediatamente con la ilusión que él la presentó como su novia ante sus familiares y luego enamorado como se encontraba de ella por aquel tiempo, también recordó cómo le había pedido a la orilla de aquel lago que fuera su esposa. Con melancolía se acordaba de lo bien que la habían pasado remando en aquel bote.

Roxana observaba como se veían otras parejas y familias remando alegremente hoy. Sin poder aguantar más, rompió el silencio y tratando de poner un poco de romance a su agrio matrimonio miró a su marido sonriendo y le dijo suavemente:

—Te acuerdas cuando estuvimos aquí para la fiesta de tus tíos? —. Diego quién también recordaba el lugar perfectamente respondió friamente:—Si, claro, como no me voy a acordar, aunque han pasado tantos años, el lugar está igualito—.

Roxana al observar la frialdad en él prosiguió: —Ay Diego, que agrio te has vuelto, podías haber dicho algo más romántico, no te pareces en nada al hombre con el que estuve aquí hace años—.

Diego se sintió ofendido, la miró furioso y le dijo: —Roxana estoy por creer que el momento que tuvimos anoche fue solo una manipulación de tu parte para convencerme que te trajera a este lugar. Por un momento me confundí y pensé que tratabas de cambiar, pero, ya volviste a ser la misma de antes, la mujer juez que vive en mi casa, duerme en mi cama y critica todo lo que yo digo y hago—.

Mirándola con un gran desprecio siguió diciendo: —Soy un estúpido, siempre me dejo envolver con tu manipulación como el peor de los idiotas. Ahora ya me pusiste de mal humor y no estoy dispuesto a escuchar tus críticas ni tampoco tus ofensas. Si logras que me enoje, nos iremos inmediatamente—

Roxana quedó en silencio, no quería que Diego hiciera una escena en aquel lugar, por eso tomó a los niños de la mano y cuando estaba lista para llevarlos donde se encontraba la piñata, aquella desagradable escena fue interrumpida por unos cuantos profesores, amigos de Diego que llegaron al encuentro de la pareja para darles la bienvenida.

Ambos disimularon el incidente y los niños corrieron hacia donde se encontraba la piñata. Roxana se encontraba junto a Diego, pensativa con su mirada fija puesta en aquel lago que le traía tan bonitos recuerdos los cuales hoy se encontraban enterrados.

Diego animado por los profesores que habían venido a su encuentro, cambió su actitud y decidió divertirse con ellos. Sin tomarle su parecer, se volvió a ella y le dijo: —Voy con ellos a pescar al lago, no los he visto en años, ahí te veo en un rato—.

Ella lo miró indiferente y le dijo: —Está bien, yo estaré en la piscina con los niños, los voy a llevar a nadar —.

Diego tratando de disimular su mal humor dijo sonriendo: —De acuerdo cuando sientan hambre me llamas e iremos a comer —.

Roxana escondiendo su frustración por el desplante que su marido le estaba haciendo dijo mostrando una amplia sonrisa:

—Por eso no te preocupes, mira hay un puesto de hamburguesas y de bocadillos cerca de la piscina, iremos ahí después de nadar. Tómate tu tiempo y cuando regreses podemos ir a cenar juntos—.

Diego no la contradijo y agregó antes de despedirse: —Como quieras amor, ahí los veo en un rato—.

Roxana cambió a los niños y se cambió ella en su traje de baño. No podía evitar que aquel lugar le trajera tan bonitos recuerdos.

Se acordaba cuando en aquel mismo lugar había lucido el bikini que Diego le regaló, con el cual había nadado en aquella misma piscina, rodeada de las atenciones, caricias y besos de él.

El club era el mismo, tenía razón Diego, todo estaba igualito, sin embargo los protagonistas de aquella historia habían cambiado tanto.

Hoy, nueve años después, su relación era tan distinta, tal parecía que el amor se había alejado de sus vidas para siempre.

Roxana solo tenía veintiocho años y ella sabía perfectamente que era bonita y que los hombres todavía la admiraban. Cuando salía del brazo de su marido y él la obligaba a usar aquellos vestidos tan atrevidos, ella se daba cuenta como los hombres la devoraban con sus miradas.

Roxana se acordaba que tonta había sido y a cuantos muchachos había despreciado en la secundaria, cuando solo tenía ojos para Diego. Que ciega había estado cuando aceptó casarse con él!! Le dolía pensar que los muchachos que la habían pretendido, hoy tenían matrimonios que parecían estables y sólidos.

De pronto como volviendo en si miró a sus dos hijitos que jugaban en la piscina y a los cuales, ella amaba con toda su vida y pensó que había valido la pena el haberse casado con Diego, pues a pesar de las heridas que él le había causado a manos llenas y del dolor que le producía algunas veces el solo hecho de estar casada con él, gracias a Diego, ella tenía a sus dos hijos a los que amaba entrañablemente y eran su razón de vivir.

Sin pensar más en los problemas que tenía en su matrimonio, se metió a la piscina. Disfrutó, nadó un rato con sus hijos y jugó con ellos. Diego no se acercó a ellos en toda la tarde. Sin embargo desde ahí, ella podía verlo como se carcajeaba con sus amigos mientras pescaba y como tomaba cerveza tras cerveza sin importarle si ella y sus dos hijos la estaban pasando bien.

Roxana estaba preocupada al verlo tomar en exceso. Ella sabía perfectamente lo peligroso que era Diego cuando se pasaba de tragos.

Cuando los niños y ella sintieron hambre salieron de la piscina y se dirigieron al puesto de las hamburguesas. Se sentaron en unas bancas a comer. Luego Roxana les compró a los niños unas nieves y unas galletitas de chocolate.

Para matar el tiempo mientras Roxana esperaba que su esposo se terminara de divertir a su manera, llevó a sus hijos al kiosko donde unos payasos realizaban unos actos de magia.

Roxana miró el reloj y eran las cinco de la tarde, pensó que era hora de cambiarse los trajes de baño y estar listos para ir a cenar en cuanto Diego regresara.

Cuando el show de los payasos terminó, Roxana se encaminó hacia los vestidores para que los niños se cambiaran.

Ella quedó fuera de los baños, esperándolos. De pronto sintió unas manos masculinas sobre sus ojos. No eran las manos de Diego, de eso estaba segura.

Se volteó y se encontró frente a frente con Raúl Herrera, aquel ex compañero quien siempre la pretendió y al que ella nunca había querido aceptar.

Raúl la miró sonriente mientras le decía: —Hola, Roxana, estás igualita, tienes que darme el secreto de tu eterna juventud, cómo están Diego y los niños?—.

Ella inmediatamente se apartó de él diciéndole: —Hola Raúl, me alegra verte, aunque te parezca ridículo no puedo hablar contigo, por favor no te me acerques, si Diego te ve cerca de mi, no quiero pensar la que se puede armar, tu sabes los celos que Diego te tiene desde que estábamos en el colegio—.

Raúl al ver la cara de pánico de Roxana se retiró de ella un poco extrañado mientras decía: —Lo siento, Roxana, solo quise saludarte y saber que es de tu vida. Perdona, no sabía que Diego es tan celoso—.

Roxana no quería compartir con Raúl ninguno de sus problemas, lo único que deseaba en aquel momento es que él la dejara sola para que Diego no los viera hablando. Por eso le dijo sin titubear: —Raúl, por favor vete, Diego puede venir en cualquier momento y si me encuentra hablando contigo, tú mismo te puedes meter en un problema—

Raúl insistió diciendo: —Mira Roxana, no es mi intención ponerte en una situación difícil con tu esposo. No tengo que preguntarte si tienes problemas con tu marido porque veo en tu rostro que no eres feliz, tu mirada de terror y angustia me lo dice inmediatamente—.

Sin decir nada más, Raúl, extendió su mano derecha y le entregó una tarjeta a Roxana, diciéndole:—Toma, no sé si sabes pero me especializo en terapias matrimoniales; aquí está mi teléfono por si algún día necesitas mi ayuda—.

Roxana ya estaba a punto de llorar, sus lágrimas se asomaban a sus ojos y al oír aquello, una nueva luz de esperanza nació en ella y olvidándose por un momento que Raúl era un hombre y que Diego podría estar cerca tomó la tarjeta que Raúl le ofrecía y sus manos quedaron entrelazadas con las de él por algunos instantes mientras llorando le suplicaba: —Raúl, ayúdame, no te puedo engañar, mi matrimonio se está desmoronando, Diego y yo necesitamos ayuda pronto —.

En cuestión de segundos Roxana reaccionó con pánico al sentir sus manos unidas a las de Raúl. Sobresaltándose se apartó de él inmediatamente y mirando a todos lados se limpió las lágrimas de sus ojos y le dijo rápidamente: —Ya vete Raúl, por favor, te prometo que en esta semana iré a verte a tu consulta. Ahora vete, no quiero ni pensar lo que sucedería si nos ve hablando —.

Raúl con paso ligero y con una sonrisa de apoyo en sus labios se apartó con la esperanza de ayudar a su amiga a tomar una decisión. Quizás él podría hacer algo por ella aunque suponía que Diego jamás aceptaría su ayuda.

Pocos minutos después que Raúl se alejara, los niños salieron de los vestidores. Roxana tomándolos de la mano se aproximó con ellos a los vestidores de las mujeres para vestirse ella, cuando de pronto vió venir a Diego con ojos chispeantes de furia.

Llegando hasta donde ellos estaban, sin pensar si alguien lo veía tomó a Roxana por sus cabellos, la arrastró hacia una esquina solitaria, le pegó con el puño en su cara y la empujó contra la pared; ella perdiendo el equilibrio, cayó al suelo.

Diego fuera de sí, como si hubiera perdido la razón le gritó: —Para eso querías venir, para encontrarte con tu amante, maldita descarada, cómo te atreviste, siempre debí saber que eras una mosquita muerta—.

Los niños no entendían nada, simplemente miraban aquella escena con ojos de terror. Luis Diego estalló en llanto y Luz Estrella lo abrazó para consolarlo. Los labios de Roxana estaban sangrando, aquellos mismos labios que Diego besara una y mil veces años atrás en aquel mismo lugar y que hoy había golpeado dando rienda suelta a sus celos desmedidos.

Como pudo Roxana se levantó del suelo y se limpió la sangre con el paño que tenía en sus manos y luego armándose de valor le gritó furiosa: —Qué te pasa bruto? Estás borracho!!—

Diego tomándola por su brazo derecho la apretó fuertemente y le dijo en voz muy queda: —Si, estoy borracho, maldita, pero mira, vamonos de una buena vez, no quiero armar un escándalo aquí, en la casa arreglaremos esto—.

Roxana se soltó del brazo de Diego como pudo y le volvió a gritar: —Estás loco, desgraciado, ni mis hijos ni yo, nos subiremos a tu auto, no te das cuenta que no podrás manejar en este estado? —.

Tomó a los dos niños de su mano y llena de furia continuó: —Si no me das las llaves del auto, llamaré a la policía para que te arresten aquí mismo. Evidencia es lo que me sobra en este momento—.

Diego aún dentro de su estado de ebriedad podía todavía pensar que no le convenía hacer aquel escándalo frente a sus amigos y el resto de los invitados. Era muy vergonzoso para él ser arrestado en aquella situación.

Diego con ojos llenos de rabia la miró a la vez que le extendía las llaves del auto diciendo: — Está bien, toma— y con un gesto fingido de humildad puso las llaves en manos de Roxana.

Cuando subieron al vehículo, Diego se mantuvo en silencio por alrededor de quince minutos mientras se alejaban del lugar, Roxana sabía lo que había ocurrido. No tenía ni que preguntárselo. Al llamarla maldita, le había dado a entender que la había visto hablando con Raúl. Los niños soñolientos bostezaban en el auto y empezaban a dormirse.

Diego esperó a que llegaran a una carretera solitaria. Roxana podía observar de reojo como las venas del cuello de Diego saltaban incontrolablemente y presentía que en poco tiempo explotaría de nuevo.

En silencio mantenía sus ojos en la carretera, pensando que Raúl tenía razón, después del incidente de hoy, ya ella no podía seguir con Diego; tenía que buscar ayuda o divorciarse cuanto antes de él, ya lo había decidido, los niños no merecían vivir aquel infierno ni ella tampoco.

Ya habían recorrido una distancia suficientemente lejos del club. Solo las luces del auto iluminaban aquella carretera solitaria y oscura; los niños dormían profundamente cuando Diego gritó nuevamente —Eres una descarada! Cómo pudiste? Te pude ver tomada de las manos de ese imbécil, pobrecita! mi mujer... contándole sus penas a su amante. Te vas a arrepentir de haber jugado conmigo, Roxana Jiménez, de eso puedes estar segura, gran estúpida. Una vez te lo advertí y lo cumpliré, vas a pagar con creces lo que has hecho—.

Roxana presa de pánico no contestó nada. Sorpresivamente la tomó por sus cabellos y golpeó la cabeza de ella contra la ventana del auto. El vehículo perdió el control por un momento. Los gritos de Diego, hicieron que los dos niños se despertaran y ambos estallaron en llanto. Roxana frenó abruptamente guiada por su instinto de supervivencia y de salvar a sus hijos. Luego los miró tratando de calmarlos pero estaba media atontada por el impacto del golpe.

Diego furioso descendió del auto y se dirigió a la puerta del lado donde estaba Roxana, la jaló de un brazo y la sacó fuera, lanzándola al pavimento donde la pateó furiosamente.

Los niños miraban aquella escena aterrorizados, mientras le gritaban a Diego que no golpeara a su madre de aquella manera. Ninguno de los dos entendía que pasaba, Luis Diego quería bajarse del auto pero Luz Estrella lo detuvo.

Diego no los escuchaba. Estaba fuera de si. Con toda su furia la golpeaba en su rostro con su puño. La miraba con ojos llenos de odio mientras le gritaba: —Estás lista para explicarme porque te dejaste tomar las manos por ese maldito? Claro, te quedas callada porque no puedes negarlo. Ese canalla es tu amante quien sabe desde cuando. Por eso estabas tan feliz cuando te dije que me iba a pescar, sinvergüenza!! Querías aprovechar a estar con él—.

Diego pateaba a Roxana sin controlar su furia y seguía insultándola a toda voz: —A saber cuantas veces te habrás acostado en mi cama con él y yo como un estúpido creyendo que eras una inocente mujercita. Pero me las vas a pagar, te vas a acordar de este día hasta que mueras—.

Luego rompiendo en llanto prosiguió diciendo: — Cómo pude ser tan ciego y tan imbécil al creer que eras distinta cuando me casé contigo. Ya veo que eres igual a las otras basuras, ninguna mujer vale la pena, todas son iguales, prostitutas que se revuelcan con el primero que les sonríe—.

Roxana no lo escuchaba, se había desmayado por los golpes que Diego le diera en la cabeza. El estaba fuera de control y sin pensar en las consecuencias de lo que aquel incidente pudiera traer a su vida, subió al auto y puso su cabeza sobre el volante. Los niños enmudecieron cuando él los miró con ojos desafiantes. Se quedó ahí por unos minutos, luego la miró por el espejo retrovisor; por un momento pensó que la había matado.

Sin pensarlo más puso su auto en marcha y la abandonó golpeada y ensangrentada sin importarle que sería de ella de aquel momento en adelante.

Luis Diego y Luz Estrella al ver a su padre dejar a Roxana tirada en la carretera, le suplicaban que se devolviera y que la recogiera, Diego, ignorándolos se alejaba del lugar a gran velocidad.

En varias ocasiones estuvo a punto de accidentarse. Seguramente su instinto paternal lo ayudó a llegar a su casa con sus hijos, aún en el estado de ebriedad en que se hallaba.

Cuando llegó al condominio, Diego se encontraba bastante ofuscado por toda la situación, se sentía un miserable frente a los ojos de sus hijos, pero satisfecho a la vez por haberle dado a Roxana lo que él consideraba que ella merecía por su infidelidad.

Por eso fingiendo autoridad ante los niños les dijo con voz intimidante: —Suban a sus cuartos y se acuestan, no quiero oir más llantos ni reclamos, a dormir los dos!!—.

Diego no pudo subir los escalones, se tiró en el sofá de la sala prácticamente inconciente. Había tomado demasiado y no podía pensar con absoluta coherencia.

Mientras tanto, lejos del condominio, en la oscuridad de la noche, en aquella carretera solitaria, mientras Diego dormía, Roxana se arrastraba por el suelo. Tenía rota la ceja y el labio inferior. Su pierna estaba bastante hinchada. Sus costillas y su cabeza le dolían terriblemente.

En medio de su dolor físico y moral pensaba en sus hijos, se desesperaba del solo saber que estuvieran en manos de aquel hombre ebrio sin sentimientos, en el cual ella había confiado su vida y se había refugiado tantas veces para que la protegiera y al cual hoy temía y odiaba terriblemente.

Si alguien no la ayudaba, ella creía que moriría en aquel lugar. Tenía frío y mucho miedo, todo su cuerpo temblaba y sus fuerzas se acababan sin poder ella hacer nada por evitarlo.

Pensó en su familia, cómo sufriría si ella moría ahí abandonada en aquella carretera. Qué sería de sus pequeñitos? Cómo la extrañarían si ella nunca más los volvía a ver.

Tenía que sobrevivir por sus hijos, tenía que llegar a su casa para rescatarlos. Diego era un hombre peligroso, ahora todo lo veía claro, sus caricias, sus besos, sus lágrimas de arrepentimiento no eran otra cosa que reflejos de su egoísmo para satisfacer su ego y nada más que eso.

Después de hablar con Raúl aquella tarde, ella sentía que tenía una esperanza para cambiar su vida lejos de Diego. La venda había por fin caído de los ojos de Roxana y en este momento despreciaba a su marido como jamás antes lo había hecho y si lograba salir de esto, ni siquiera planeaba tramitar el divorcio pues no tenía tiempo para hacerlo, huiría con sus hijos muy lejos de aquel hombre enfermo, donde se sintiera a salvo.

14

EL RESCATE

*R*oxana no sentía ganas de llorar como otras veces cuando Diego la había maltratado física y de palabra. Ahora trataba de sobrevivir, de llegar hasta donde se encontraban sus hijos al precio que fuera para rescatarlos y llevárselos con ella lejos de Diego.

Como pudo se incorporó y se arrastró por la carretera. Tomó una rama caída de un árbol que se encontraba tirada en el camino.

Intentó caminar apoyada en aquella rama pero su pierna izquierda no la sostuvo, era como si no la tuviera, no la sentía, probablemente estaba fracturada por las patadas que Diego le diera.

La calle estaba solitaria y oscura. No podía ni siquiera mirarse los golpes que tenía por todo su cuerpo; tenía frío y no sabía donde se encontraba. Aquel lugar parecía estar cercano del club campestre. Sin embargo ella no conocía los alrededores y no tenía la menor idea donde quedaba un pueblito desde el cual ella pudiera pedir ayuda.

De pronto las luces de un enorme camión iluminaron la carretera y el chofer parqueó a unos cuantos metros de distancia de donde ella se encontraba.

El chofer era un hombre mayor, aproximadamente de unos sesenta y cinco años con un uniforme azul en el cual se leía el nombre de él en la parte superior de la camisa. Escrito en letra imprenta y en color amarillo, también decía el nombre de la empresa para la cual aquel hombre trabajaba.

El camión transportaba mercadería para una fábrica de conservas nacionales. *" Este hombre podría ayudarme",* pensó Roxana, *"pero tengo miedo de hablarle, pues también puede querer hacerme algún daño y en mi estado, no podría defenderme".* Roxana trató de huir pero con el problema de su pierna que cada vez se le hinchaba más no pudo levantarse.

Llena de pánico se desplomó al suelo a la merced de aquel hombre y frente a él, lloró desconsoladamente.   El se acercó a ella y con voz suave le preguntó: — Que le ocurre señorita? Puedo ayudarla en algo?—

Don Héctor Reyes, no podía entender cómo una mujer tan bonita, con una mirada tan dulce y tan inocente estuviera golpeada y abandonada en la madrugada en una carretera tan peligrosa y vestida de aquella manera.

Sintió pena por ella y sacó una chaqueta de cuadros del camión y se la dio para que se abrigara. Roxana alzó su mirada y le agradeció a aquel hombre su buen gesto.

Fue ahí, cuando don Héctor tuvo la oportunidad de presentarse con ella y después de decirle su nombre añadió seguidamente: — Trabajo para la empacadora de conservas nacionales, cómo se llama usted señorita y que hace aquí a estas horas… acaso…. la atropelló un auto que huyó?—.

Roxana pensó en sus dos hijitos. Donde se encontrarían ahora? Donde los habría llevado Diego? Cómo podía pensar Diego que ella le había sido infiel. Hoy se daba cuenta que no podría continuar con él. Tendría que huir lejos pero debía pensar en un plan de escape. Un plan que la llevara a ella y a sus hijos lejos de ese hombre sin sentimientos que le había hecho tanto daño y que la había puesto en la situación de peligro en que ella se encontraba en ese momento.

Finalmente, conciente que don Hector esperaba una respuesta suya, temblando y llena de temor dijo: —Me llamo Roxana, mi esposo en un arrebato de celos, me golpeó, me sacó fuera del auto y me abandonó en este lugar—.

El hombre no podía creer lo que acababa de oír y con una cara de horror agregó: —Quién? Tu esposo te hizo ésto?— Repitió atónito:—Tu esposo te abandonó aquí?—. Luego sin meditar en sus palabras, indignado añadió: —Ha de ser un cobarde, solo un hombre desalmado es capaz de hacer algo así. Como pudo haberte golpeado de esta manera y luego dejarte tirada aquí como si fueras un mueble inservible. Esto tiene que ser reportado a la policía—.

Roxana como pudo se lo arrebató de sus manos y el teléfono rodó por el suelo. —Perdón señor pero usted no puede reportar a mi esposo. Me mataría, yo lo conozco y además, les podría hacer daño a mis dos hijos que ahora están con él. Por favor se lo suplico, ese hombre es peligroso y cuando se enoja no se da cuenta lo que hace, permítame llamar a mi mamá, ella me ayudará—.

Don Héctor sin entender, recogió su celular del suelo y lo puso en manos de Roxana diciendo: —Está bien llama a tu mamá, pero yo creo que esto debe ser reportado a las autoridades pertinentes. Esto es un crimen!! Mira como te ha dejado. Tiene que verte un medico hija!!—

Cuando Roxana oyó la palabra médico pensó inmediatamente en lo que ella había visto en los programas de televisión que hablaban sobre casos como el de ella. Recordó el incidente de años atrás y también se acordó que los doctores reportaban los casos sospechosos de violencia doméstica a la policía como lo había hecho aquel buen doctor que había querido ayudarla en aquella oportunidad. Diego tenía antecedentes sospechosos de la vez en que la había golpeado brutalmente.

Luego mirando a don Héctor con ojos de terror dijo: — Usted no me entiende señor, mi marido es altamente peligroso, tengo miedo, él tiene a mis dos hijos. Si él sospecha que yo lo he metido en problemas me mata a mí y puede dañar a mi familia—.

Don Héctor no insistió más, sin atreverse a contradecirle a Roxana, permitió que ella llamara a su madre por medio de su celular. Eran como las dos y media de la mañana cuando el teléfono timbró en casa de los padres de Roxana. Doña Lucía medio dormida, fue la que contestó.

Roxana con voz temblorosa, le dijo que llegaría a su casa en una hora y media aproximadamente pero quería estar segura que su padre no se enteraría que ella había llamado a esas horas de la noche.   Por su estado delicado de salud no le quería causar ningún tipo de emoción.

Roxana sabía que don Rodrigo dormía en un cuarto separado de su esposa donde no se oía el teléfono, por eso se había atrevido a llamar a aquellas horas de la madrugada.   El doctor había recomendado que su padre no fuera perturbado con ninguna mala noticia y que su sueño no fuera alterado en lo absoluto.

Su madre le dijo en voz muy baja pero mostrando una gran preocupación: —No te preocupes por tu papá, ya le di sus medicinas y está en su cuarto y tu sabes que desde ahí no se escucha el teléfono.   Rodrigo no despertará hasta mañana alrededor de las diez, pero dime me tienes preocupada, que pasa, está Diego contigo? Le ocurrió algo a alguno de tus hijos? Dime porque me llamas a estar horas?—.

Roxana casi sin voz alcanzó a decirle: —Espera a que llegue mamá, allá te cuento, no te preocupes, todos estamos bien—.

Doña Lucía seguía sin entender nada sin embargo tranquilizándose un poco dijo: —Está bien hija, no insisto, aquí te espero pero sigo sin entender que te pasa. Tu voz no suena bien, en fin hablamos cuando vengas—.

Don Héctor tomó su celular y se disculpó con Roxana diciendo: —Mira muchacha déjame llamar un taxi para que te lleve donde tu madre—.

Esperaron alrededor de veinte minutos y cuando el taxi llegó, don Hector le explicó al taxista cual era la situación. El taxista al principio se rehusó llevarla en las condiciones que ella se encontraba.

Don Héctor y Roxana le suplicaron que lo hiciera y el taxista a regañadientes aceptó hacer el servicio. Con la ayuda de don Hector, Roxana subió al taxi con mucha dificultad. Se miró su rodilla y se dio cuenta cuán inflamada estaba. Le dolía demasiado y también su seno derecho.

Le dolían mucho aquellos moretes pero más le dolía pensar que Diego la hubiera pateado en sus senos, aquellos senos que tantas veces el había besado con aquella ternura que solo un hombre enamorado sabía hacerlo.

El taxi avanzaba hacia la casa de sus padres, mientras Roxana pensaba, *"no volveré con él aunque cubra los pisos con rosas rojas".*

De repente, Roxana lanzó un quejido. No soportaba el dolor en su pierna. No podía caminar. Creía que su rodilla podría estar fracturada.

Al mirar por la ventana se dio cuenta que el taxi había llegado a su pueblo natal. Pasaron por la escuelita donde Diego había hecho su práctica y por el salón comunal donde celebraron su fiesta el día que se había casado con él.

También pasaron por la ermita en la que un día entrara ella vestida de novia ilusionada y llena de felicidad para unirse para siempre al gran amor de su vida.

Diego le había prometido cuidarla, amarla, protegerla y serle fiel hasta que la muerte los separara. Roxana sintió un gran odio al acordarse de aquellas palabras pronunciadas ante el altar. *"En que monstruo se había convertido el hombre en el que había confiado su vida?* Pensó. *Como es posible que la persona a la que yo le entregué mi amor, me haya agredido de esta manera".*

Lo que más la frustraba en aquel momento era pensar que Diego había arruinado sus ilusiones de muchacha joven de ser feliz con él y todos los años que ella había sacrificado tanto para tratar de que la relación entre ellos funcionara.

Roxana absorta en sus pensamientos no se dio cuenta que el taxi casi llegaba a la casa de su madre. Doña Lucía, estaba esperando detrás de la ventana y cuando los vio llegar, inmediatamente abrió la puerta.

Cuando vio a su hija en aquel estado no pudo evitar una exclamación de pánico. —Virgen Purísima!! hija mía que te pasó? Te atropelló este taxi, vamos, dime pronto que te pasó? —.

Roxana se abalanzó en brazos de su madre y lloró desconsoladamente. Su madre no entendía nada, miraba a su hija y al chofer del taxi quien estaba silencioso y con su cabeza baja. —Hija mía, porque vienes así? explícame de una buena vez por Dios!! No aguanto más la ansiedad, donde está Diego, donde están mis nietos, vamos, habla no entiendo nada—.

Roxana no paraba de llorar. El chofer del taxi, rompiendo el silencio se atrevió a decir: —Fue su marido, quien la golpeó brutalmente y luego la abandonó en la carretera donde yo la recogí—.

Doña Lucía abrazando a su hija exclamó, aún más confundida que antes: —Diego? de verdad fue Diego quien te hizo todo esto? Dios Mío no lo puedo creer, no puede ser, como pudo, se volvió loco? Donde está él? Por Dios dime, donde están Luz Estrella y Luis Diego?—.

De repente, con ojos de pánico como si hubiera visto a un espanto doña Lucía exclamó: —Roxana, donde están mis nietos, dime la verdad, donde están Luz Estrella y Luis Diego? Por favor contesta!!—.

Roxana un poco recuperada por aquel encuentro con su madre, respondió. —Cálmate mamá vas a despertar a mi papá, recuerda que está muy delicado. Ellos están bien, Diego se los llevó para la casa pero tenemos que quitárselos, está furioso conmigo mamá, ahora se le metió en su cabeza que yo le fui infiel—.

Doña Lucía fue a la cocina a recoger su billetera y le pagó al taxista y le agradeció con una buena propina aquel buen hombre gustosamente aceptó.

Una vez el taxista se alejó, Roxana continuó tratando de calmar a su madre: —Diego está loco mamá, le tengo miedo y temo que se vengue con mis hijos, por favor tienes que ayudarme con un plan que tengo para sacarlos de la casa—.

Doña Lucía se esforzaba por entender que había pasado entre su hija y su yerno —Vengarse de ti, porqué, como que cree que tu le fuiste infiel, vamos explícame? El no te permite salir sola a ninguna parte. Porque cree eso? Explícame hija, cada vez entiendo menos—.

Su madre se preguntaba, porqué acusaba Diego a Roxana de algo tan serio. Su hija era una muchacha decente y desde que era casi una niña solo había tenido ojos para él. El parecía amarla con locura. Ella nunca había pensado que ellos tenían problemas de esa índole.

Diego parecía ser un hombre tan cariñoso y atento con su hija. Sabía que Roxana tenía algunas quejas sobre su indiferencia, pero nunca le había mencionado que fuera un hombre peligroso.

Doña Lucía pensaba que Diego era el mejor de los padres. Qué había provocado en su yerno golpear a Roxana de aquella manera tan brutal? Diego tenía que haber perdido la razón. En que basaba sus acusaciones? Infiel con quién? Roxana no tenía amigos, es más, ni siquiera amigas.

Ella siempre salía unicamente con los niños y con Diego. Aquello no tenía explicación que justificara los hechos.

Roxana ya más serena, después de haber tomado un té de tilo que le había preparado su madre para calmar sus nervios, pudo contarle a doña Lucía cómo había sucedido todo y en el infierno que se había convertido su matrimonio con Diego desde unos años para acá.

Su madre escuchaba perpleja lo que Roxana le decía al mismo tiempo que ponía mucha atención al plan que su hija tenía para rescatar a sus nietos. Por supuesto que ella la ayudaría. Los niños tenían que estar con su madre. Ellos la amaban con locura.

Al fin después de discutir el plan en detalle para no fallar en nada, doña Lucía había convencido a Roxana de que la viera un doctor.

Su rodilla estaba muy hinchada y sus pechos le dolían demasiado. Además tenía varios moretones en la cara y en otras partes del cuerpo. Su ceja seguía sangrando y también sus labios; probablemente necesitaría algunas puntadas para detener aquel sangrado.

Siguiendo los consejos de su madre, Roxana tomó el teléfono y pidió un taxi que la llevara al hospital de emergencias San Marcos pues era el que estaba más cercano del pueblo. Su madre le prestó un vestido suyo y la acompañó al hospital.

Roxana sabía perfectamente que con la pierna en aquel estado no podría huir. Necesitaba que la viera un doctor.

Eran casi las cuatro de la mañana cuando llegaron. El doctor que estaba de turno le hizo varias preguntas pero como no lograba que ella confesara lo que le había ocurrido realmente se dirigió a su madre diciéndole: —Mire señora, su hija se niega a contarme lo que le pasó realmente. Dice que tuvo un accidente, sin embargo le digo que de acuerdo a mi experiencia en estos casos, no puedo creerle, pues las contusiones que ella tiene me dicen otra cosa—.

Finalmente el doctor les extendió su mano a ambas y Roxana lo miró con los ojos llenos de lágrimas y luego bajó su cabeza. El médico puso su mano en la espalda de Roxana y le dijo en voz baja: — Busca ayuda hija mía, te lo digo de corazón.

Estás en peligro al lado de esa persona. Denúncialo a la policía, después de lo que te ha hecho hoy, no merece tu silencio. Busca ayuda profesional y escapa por tu vida—.

Todo lo que el doctor recibió por respuesta fue un agradecimiento de parte de Roxana quien dijo en voz baja: —Que Dios lo bendiga por todo lo que ha hecho por mí—.

Ambas salieron del hospital, doña Lucía empujaba la silla de ruedas en la que se hallaba sentada su hija. No pudiendo callar más y pensando únicamente en el bienestar de Roxana, rompió el silencio y dijo claramente: —Hija piénsalo bien, tenemos que denunciar a Diego una vez que rescatemos a los niños. El doctor tiene razón, este crimen que se ha cometido contigo, no puede quedar impune—.

El día ya estaba claro cuando abandonaron el hospital. Ya eran casi las seis de la mañana. Tomaron un taxi que las llevó a su casa de regreso. Durante el camino Roxana meditaba en lo que su madre y aquel doctor le habían dicho. Sacó los papeles de su cartera que el buen médico le diera y empezó a leerlos cuidadosamente.

Encontró varias direcciones donde las mujeres víctimas de la violencia doméstica podían acudir. Aquellos lugares estaban muy lejos de su familia y de aquel condominio que hasta hoy ella había compartido con Diego y sus hijos.

Sus hijos, pensó de pronto Roxana, cómo estarían? Su corazón le daba un vuelco cada vez que pensaba en ellos. No estaría tranquila hasta que no los tuviera junto a ella. Jamás les diría la verdad. Nunca les contaría lo que su padre le había hecho. Para que? No quería llenar sus corazoncitos de rencor, como ella se había llenado tantas veces contra su padre cuando lo veía maltratar a su madre.

Roxana recordaba lo que su padre le hacía a su madre cuando ella era apenas una niña muy chica y pensaba en lo que Diego le había hecho a ella hoy. Don Rodrigo nunca había golpeado a la madre de Roxana de la manera que Diego lo había hecho con ella. Roxana pensaba que el abuso de su padre hacia su madre había sido poco en comparación con lo que había hecho Diego.

Roxana pensando en que necesitaría algún dinero para transportarse con sus hijos a un albergue de violencia doméstica dijo de pronto: —Mamá necesito que me prestes algún dinero que te devolveré en cuanto empiece a trabajar. Mis hijos están primero y no quiero dejarlos huérfanos de madre. No quiero arriesgarme a que Diego me encuentre, me iré lo más lejos que pueda. Tampoco deseo que sus lágrimas de hombre "arrepentido" me convenzan a volver con él nuevamente. No le daré la oportunidad de que se arrodille ante mi con un ramo de rosas rojas en sus manos pidiéndome perdón—.

Luego sollozando dijo: — No quiero flaquear mamá, no sé si lo amo todavía. Tengo que poner mis sentimientos a un lado y correr por mi vida como me dijo el doctor. Cuando esté bien lejos le pediré el divorcio y le quitaré la custodia física y legal de Luz Estrella y de Luis Diego—.

Su madre la escuchaba en silencio y no se atrevía a opinar aunque no dejaba de preocuparle el futuro de su hija y sus nietos quienes hasta hoy no habían carecido de nada material. Sin embargo pensaba que Roxana tenía razón no podía seguir al lado de un hombre que la maltrataba pues su vida corría peligro.

Roxana y su madres habían leído un poema titulado "Recibí flores hoy". El cual habían encontrado junto con la información sobre los albergues que les había entregado el doctor.

Ambas habían quedado impactadas con el poema y no querían que Roxana corriera con la misma suerte. Aquel poema había quedado impreso en su mente y no lo podían olvidar. Ambas lo habían leído juntas y se habían abrazado consternadas por aquel mensaje.

Recibí flores hoy….
(Autor desconocido)

"No es mi cumpleaños o ningún otro día especial;
tuvimos nuestro primer disgusto anoche,
él dijo muchas cosas crueles, que en verdad me ofendieron.
Sé que está arrepentido y no las dijo en serio, porque me mandó
flores hoy

Recibí flores hoy!
No es nuestro aniversario o ningún otro día especial;
anoche me lanzó contra la pared y comenzó a ahorcarme.
Parecía una pesadilla, pero de las pesadillas que despiertas y
sabes que realmente sucedió.
Me levanté esta mañana adolorida y con golpes en todos lados,
pero yo sé que está arrepentido; porque él me mandó flores hoy.

Recibí flores hoy!
Y no es día de San Valentín o ningún otro día especial.
Anoche me golpeó y amenazó con matarme;

ni el maquillaje o las mangas largas podrían esconder las
cortadas y golpes que me ocasionó esta vez.
No pude ir al trabajo hoy, porque no quería que se dieran cuenta.
Pero yo sé que está arrepentido, por que él me mandó flores hoy;

Recibí flores hoy!
Y no era el día de las madres o ningún otro día especial; anoche
me volvió a golpear, pero esta vez fue mucho peor. Si logro
dejarlo, que voy a hacer? Cómo podría yo sola sacar adelante a
mis hijos?
Qué pasara si nos falta el dinero? Le tengo tanto miedo, pero
dependo tanto de él, que temo dejarlo, pero yo sé que está
arrepentido, por que él me mando flores hoy.

Recibí flores hoy!
Hoy es un día muy especial
Es el día de mi funeral.
Anoche por fin logró matarme.
Me golpeó hasta morir.
Si por lo menos hubiera tenido el valor y la fortaleza de dejarlo.
Ó si hubiera aceptado la ayuda profesional.
Hoy no hubiera recibido flores!

Al leer aquel poema, Roxana tenía que admitir que Diego siempre la había convencido de no dejarlo trayendo flores y otros detalles que la hacían sentirse amada después de haberla golpeado.

La única parte que todavía no había experimentado Roxana era la que describía el último párrafo del poema.

El poema la había impactado de tal manera que Roxana por primera vez entendía y aceptaba que ella era una víctima más de la violencia doméstica. Ella se sentía como si estuviera viviendo la peor de sus pesadillas.

Mientras pensaba lo que pudo haber sido su vida, no creía que pudiera vivir sin él a su lado. Pensaba que simplemente no sabría

185

cómo hacerlo. Se preguntaba cómo podía ser posible que ella todavía añorara tanto la compañía de un hombre que casi terminó con su vida.

Ahora Roxana estaba convencida que necesitaba ayuda profesional como se lo había dicho el médico del hospital. Ella no podía dejar a Diego por si sola. Roxana creía que necesitaba un milagro.

Una vez llegaron a la casa de sus padres, antes de cerrar sus ojos para intentar dormir un rato, miró las paredes de su cuarto de soltera, las cuales habían sido testigos del día en que Diego la hiciera suya la primera vez. De pronto un escalofrío recorrió todo su cuerpo.

Recordó de repente como en aquel mismo cuarto mientras Diego le hacía el amor por primera vez después de unas pocas horas de casados, también le había dicho aquellas palabras que la llenaron de pánico y que hoy tenían tanto sentido para ella.

Estaban vívidas en su mente hasta aquel día. Roxana las oía como truenos que la aturdían en sus pensamientos: *"Estoy enamorado de ti como un loco. Te amo como jamás he amado antes. Si algún hombre algún día toca tu piel con sus dedos, me volvería loco de celos y no se de lo que sería capaz. Roxana, quiero que esto quede bien claro entre nosotros. Jamás te atrevas a serme infiel con otro hombre pues destruirías mi vida de tal manera que yo perdería la razón y no sé si tu vivirías para contarlo"*

Que ciega había estado todos aquellos años!! Cómo había permitido que las cosas avanzaran hasta el punto que habían llegado. El era un hombre violento desde el principio ella se había dado cuenta el día de su boda.

Aquellas palabras habían sido una premonición. Hoy pensaba que ella había permitido que se las repitiera en tantas ocasiones mientras la besaba y la acariciaba y mientras hacían el amor.

Apagó la lamparita que se encontraba en la mesa de noche y cerró sus ojos suspirando a la vez que decía una oración en estado de desesperación. *"Dios Mío yo sé que nunca te he tomado en cuenta en mi vida junto a Diego. Te suplico que me guíes en esta situación en la que me encuentro. Por favor cuida de mi y de mis hijos y enséñame que debo hacer".*

15

EL PLAN PUESTO EN ACCIÓN

*Y*a eran casi las seis y media de la mañana, cuando Diego se despertó. Recordó sin mucho detalle que algo grave había ocurrido la noche anterior. Llamó a su trabajo para excusarse pues no podía presentarse en su trabajo en aquel estado. Vistió a los niños y los llevó a la escuela.

Mientras tanto, Roxana y su madre planeaban como llevarían los niños a su lado. Roxana recordó que ella cuando los había matriculado había puesto en la lista de emergencia a sus padres y a su suegra. Sin pensarlo más tomó el teléfono y llamó al centro educativo para informarles que su madre iría por sus hijos en ese día.

Aproximadamente a las nueve de la mañana, doña Lucía tomó un taxi y se dirigió a la escuela de sus nietos para cumplir con su diligencia.

En su dormitorio después de tomarse unas cuantas cervezas, Diego de pronto recordó fragmentos de lo que había ocurrido la noche anterior.

Imágenes de Roxana tomada de las manos de Raúl impactaban su mente desquiciada. Se llenó de rabia y pensó que él jamás perdonaría aquella vil traición. Sentía que la amaba más que a su vida pero la haría pagar por aquello. Roxana lloraría lágrimas de sangre como precio por su traición.

Diego mordiéndose sus labios, recordaba como Raúl siempre había pretendido a Roxana en el colegio. Sus pensamientos chocaban en su mente al acordarse como la perseguía y la acosaba en los pasillos de aquel colegio.

No podía creerlo, como podían ser tan descarados, ahí en aquel balneario público, su esposa, tomada de las manos de aquel imbécil. Diego fuera de si, dio un puñetazo en su mesa de noche.

Todo estaba muy claro, ahora, el muy descarado, aprovechándose de los problemas que ellos tenían en su matrimonio, de seguro había tomado ventaja de la situación, consolándola, pues su meta final probablemente era quedarse con ella.

De pronto Diego miró su escritorio. Se dirigió hasta el mueble y abrió la tercera gaveta. Sacó un revólver que estaba en una caja aterciopelada color negro y se lo metió en la cintura al mismo tiempo que tomaba el teléfono en sus manos.

Buscó en una libretita que tenía en su mesa de noche; el nombre de su amigo Oscar Salazar. Cómo no se le había ocurrido antes?

Recordaba como Oscar había sido el mejor amigo de Raúl cuando ambos eran sus estudiantes. Buscó el número telefónico de Oscar y marcó sin dudar.

La esposa de Oscar atendió el teléfono y Diego con voz sutil, le dijo sin titubear:—Hola quién es?— al otro lado de la línea se oyó la voz de una mujer que dijo: —La casa de la familia Salazar, con quien desea hablar?— .

Diego continuó: — Por favor señorita, deseo hablar con Oscar, se encuentra él en casa?

La mujer que había contestado el teléfono era la esposa de Oscar y simplemente dijo: —No, mi esposo no se encuentra aquí en este momento, pero si usted gusta, puedo tomar su mensaje—.

Diego tomó ventaja y añadió: — Si señora, pienso que quizás usted puede ayudarme. Mi nombre es Diego González, yo fui profesor de su esposo y llamaba pues necesito la dirección de Raúl Herrera. Se que ustedes son vecinos y necesito entregarle una encomienda a Raúl. Me pregunto si usted me puede facilitar su dirección?—.

La esposa de Oscar, ajena a los pensamientos de Diego contestó: —Ah bueno, si es eso, yo misma se la puedo dar—. Raúl vive bastante cerca de mi casa, continuó diciendo la mujer. —Quiere tomar nota?— .

El rostro de Diego se iluminó y dijo sin titubear: —Si, por supuesto, dígame—.

Dentro de él pensaba que su plan podría llevarse a cabo aquel mismo día. Con cuidado de no equivocarse escribió cuidadosamente la dirección de Raúl.

En medio de su confusión por haber bebido en exceso, los pensamientos distorsionados golpeaban su mente mientras se decía asimismo, *si Roxana ha pisoteado mi dignidad de hombre, tendrá que pagar con su propia vida. Yo se lo advertí desde la noche de bodas. Ella sabía muy bien que después de una traición, no viviría para contarlo.*

Haciendo un gran esfuerzo por enfocarse en seguir la dirección que le había suministrado la esposa de Oscar, Diego llegó a su destino; parqueó frente a la puerta principal de la casa de Raúl.

Bajó de su auto y rápidamente se dirigió a la casa. Los hijos de Raúl jugaban baloncesto con algunos de sus amigos al frente del garaje. El carro de su rival se encontraba parqueado frente a la residencia.

Tocó el timbre y esperó unos minutos a que le abrieran la puerta. Una señora de unos setenta años de edad, fue la que abrió, era la madre de Raúl. La señora se apoyaba en una andadera de metal al caminar.

Diego la saludó cordialmente y le dijo: —Buenos días señora, está Raúl en casa?—

La señora ajena a todo lo que pasaba por la cabeza de Diego contestó amablemente: —Si está, señor, tiene usted cita con él?—

Antes que Diego tuviera tiempo para responderle a la amable señora, se oyó la voz de Raúl desde su oficina: — Pasa, Diego, te espero en mi oficina—.

Luego aproximándose a la puerta, cruzó algunas palabras con su esposa, que se encontraba en la cocina y prosiguió:

— Tengo algún tiempo para hablar contigo, pasa adelante, viejo—.

Entró en la casa y a su mano derecha miró una puerta de cristal que conducía a una oficina.   Ahí se encontraban un escritorio grande y un diván. Raúl después de cerrar la puerta, trató de darle la mano pero Diego, lo evadió. Raúl intrigado por su actitud lo invitó a sentarse.

Diego lo miró fijamente y sin ningún tipo de rodeos le dijo: — Me imagino que sabes a lo que vine, verdad?— Raúl lo miró y le dijo con voz de asombro: —Para serte sincero, no tengo ni idea, ayer por cierto saludé a tu esposa en el club campestre y le pregunté por ti— dijo Raúl sonriente.

Diego, con ojos chispeantes de furia sacó el revólver del bolsillo y lo puso en la nuca de Raúl mientras gritaba: —Cállate imbécil! cómo te atreviste a traicionarme con mi mujer? Ambos pagarán hoy mismo por su infamia. Conmigo no van a jugar aunque sea lo último que haga en este mundo, se irán conmigo a la eternidad—

Raúl reaccionó con un poco de temor pués pudo oler el aliento alcoholizado de Diego mientras le ponía el revólver en su cuello.

Supo en aquel momento que Diego era un hombre enfermo y violento que podría sería capaz de matarlo.

Pensó en que posiblemente lo había visto saludando a Roxana en el club campestre. Ella tenía razón sobre lo que le había dicho. Diego definitivamente era un hombre enfermo.

Tratando de serenarse con voz firme, enfrentó la situación con valentía diciendo:— Un momento Diego, no sé cual es tu problema. Soy un hombre casado. Te puedes meter en grandes problemas por lo que estás haciendo; si tú disparas yo seré un hombre muerto pero mi esposa o los vecinos llamarán a la policía en cuanto escuchen el disparo.

Raúl, bajando su voz, se volteó hacia Diego y continuó: — Ayer cuando saludé a tu esposa era la primera vez que la veía en más de diez años. No sé que te estarás imaginando tú. Porque vienes a mi casa a amenazarme con un revólver? —

Al decir estas palabras observó como Diego, en un momento de lucidez, tomaba su rostro entre sus manos, mientras ponía el arma en el escritorio y se sentaba en la silla que estaba frente a su escritorio.

Raúl, compadecido, tomó el arma y la puso en una gaveta de su escritorio rápidamente, luego puso su mano sobre el hombro de Diego y continuó:— Diego que te pasa hombre? Puedes confiar en mí—.

Diego recuperando su postura, buscó el arma que ya Raúl había guardado. Se frustró al no encontrarla, volvió a subir su voz y tomando a Raúl por el cuello continuó diciendo: — No lo niegues hipócrita! Crees que estoy ciego y que no los miré tomado de las manos en el club ayer en la tarde? Crees que no observé como ella te miraba a los ojos? Me crees tonto o qué?—

Diego trataba a toda costa de contener su llanto y su ira. Raúl ahora entendía lo que Roxana le había explicado sobre los celos enfermizos de Diego. Raúl era consejero matrimonial y sabía que Diego sufría terriblemente y que él no podría sacarlo de su equivocación tan fácilmente.

Usando todas sus habilidades terapéuticas, se mantuvo inmóvil mirando a Diego directamente a sus ojos. Cuando Diego miró que sus palabras no estaban causando ningún efecto en Raúl comenzó a tranquilizarse y a ver las cosas más claramente.

Diego se dio cuenta en aquel momento que lo que Raúl le decía podría ser cierto. Minutos después, Raúl con voz calmada, la misma que utilizaba con sus pacientes habló con gran convicción: —Diego, estás muy ofuscado, tienes que calmarte. Yo no tengo ningún tipo de relación con Roxana. Tengo un matrimonio estable y soy un hombre feliz gracias a Dios—.

Raúl sentía una profunda pena por aquel hombre, quien había sido su profesor y poniendo su mano sobre su hombro continuó diciendo: —Mi especialización es la psicología, Diego, soy especialista en terapia matrimonial. Entiendo perfectamente que todas las parejas, incluyendo la mía pasamos por etapas conflictivas en nuestro matrimonio—.

Diego lo escuchaba mudo, con su rostro cubierto por sus manos. Empleando una voz más amigable Raúl prosiguió diciendo.: —Si tú estás de acuerdo yo los puedo referir a algunos buenos profesionales que conozco. Piénsalo—.

Abriendo su escritorio, sacó una de sus tarjetas y poniéndola en las manos de Diego dijo: —Toma mi tarjeta. Puedes llamarme cuando quieras si en algo puedo ayudarte a ti solo, o con tu esposa—.

Raúl, completamente ajeno al incidente del día anterior trataba por todos los medios de que Roxana y Diego cambiaran su matrimonio y el diálogo entre ellos arreglara sus conflictos.

Tenía esperanza de que Diego cambiara su actitud y fuera feliz con su esposa. El no sabía hasta que punto Diego maltrataba a Roxana y mucho menos que la golpeaba tan brutalmente como lo había hecho la noche anterior.

Diego, lo miraba en medio de su confusión y apartándose de él bruscamente gritó con desesperación: —Dime que me estás mintiendo, dime que tú eres el amante de Roxana, tienes que serlo!! Dime dónde está mi esposa? Tiene que estar aquí contigo!! No trates de negarlo!! Tu tienes que saber donde se encuentra!!—.

Raúl lo miraba con ojos compasivos en los cuales Diego percibía una mirada de lástima. Los gritos de Diego habían llegado hasta el comedor de la casa de Raúl; su esposa al oír la discusión, alarmada vino al lado de su marido y ambos se abrazaron, Diego los miró como avergonzado y bajó su mirada mientras se dirigía a la puerta principal.

Con manos temblorosas se subió al auto, se aferró al volante y se dirigió al lugar donde la noche anterior había abandonado a Roxana.

De pronto todo lo había visto claro, Raúl no estaba con ella, él le había dicho la verdad. Lo había visto en sus ojos. Raúl no estaba mintiendo. Todo se trataba de un mal entendido. No fue hasta ese momento que comprendió que sus celos lo habían traicionado.

A gran velocidad manejó hasta el lugar donde había dejado a Roxana la noche anterior. Fantaseó con hallarla ahí y pedirle perdón. Lloraría en brazos de ella como lloraba cuando era niño en brazos de su madre cuando violentamente su padre entraba en su casa y borracho aterrorizaba a él y a sus hermanos.

Abrazaría a Roxana, la cobijaría con sus brazos, la llevaría a su casa y en su lecho le pediría perdón por haber desconfiado de ella. La besaría muchas veces y luego harían el amor como siempre lo hacían en las reconciliaciones.

El le prometería una vez más que jamás la volvería a golpear y que lo había hecho en un momento de locura por lo mucho que la amaba. Le dolía pensar que Roxana hubiera tenido contacto físico con otro hombre, pero ahora sabía que no había habido malicia alguna en su encuentro con Raúl.

Lo bueno, se repetía Diego una y otra vez, era que él sabía que todo aquello pasaría y quedaría olvidado en unos cuantos meses. El la amaría más que nunca y le daría otro hijo y todo sería felicidad entre ellos.

Jamás le volvería a ser infiel ni la golpearía. Irían a la consejería tal y como Raúl lo había sugerido. Diego comenzaba a darse cuenta que solo no podría cambiar. Ya había tratado muchas veces pero nunca lo había logrado. La ayuda ofrecida por Raúl Herrera era la tabla de salvación a la que Diego se aferraría para no perder su hogar.

Aumentando la velocidad, Diego se aproximaba al lugar donde había dejado a Roxana la noche anterior. Parqueó su auto y tomando la cobija de uno de sus hijos que estaba en la parte trasera, se bajó a buscarla.

Desesperado miró hacia todos lados pero no había ni rastros de ella. Tomó su celular y llamó a su casa pero nadie contestó. Pensó en su suegra, talvez Roxana se habría comunicado con ella.

Buscó rápidamente el número y sin pensarlo dos veces lo marcó en su celular. Doña Lucía contestó el teléfono y Diego con voz un poco agitada le preguntó: —Bueno? Doña Lucía, quiero saber si está Roxana ahí con usted?—

Dona Lucía, tranquila contestó: — No, Diego, se acaba de ir. Roxana traía una pierna enyesada y su cara muy hinchada con varios moretones por todo su cuerpo. Me dijo que tú la golpeaste—. Doña Lucía se escuchaba muy molesta y con razón, pensaba Diego.

Sin saber como disculparse con su suegra, tragando en seco la interrumpió y le dijo en voz baja: —Lo siento, doña Lucía, había tomado en exceso y no supe lo que hacía. Si usted sabe donde se encuentra ella por favor dígale que me llame—.

Diego se escuchaba sincero, pensó doña Lucía, pero ya era tarde, ya era muy tarde. Diego jamás daría con Roxana. Por estas horas Roxana y sus hijos se encontraba muy lejos de él.

Roxana había sido trasladada por la policía a uno de los albergues para mujeres abusadas que aquel buen doctor le había recomendado. Diego sería arrestado en poco tiempo y tendría que pagar por su crímen.

Doña Lucía en voz queda dijo: —Yo entiendo, Diego, pero no sé si ella podrá perdonarte algún día. No te puedo mentir, no sé donde se encuentra—.

Doña Lucía decía la verdad, ella misma no sabía donde se hallaban su hija y sus nietos en aquel momento. Pero si estaba segura que en el albergue donde los había llevado la policía, Diego jamás los podría encontrar.

Diego se despidió de su suegra y aún más desesperado, volvió a marcar el número de su casa pero el teléfono seguía timbrando y nadie lo contestaba.

Un poco desquiciado por la ansiedad dio vuelta al auto para dirigirse a su casa. Lleno de dolor entró en lo que hasta hoy había sido su hogar y se acordó de aquel primer día cuando había entrado con su esposa en brazos y la había amado en aquel lecho para hacerla suya.

Las memorias se encontraban vivas en su mente al igual que las escenas románticas también recordaba las discusiones con ella en aquel lugar.

Se acordaba de los momentos felices junto a sus hijos jugando en aquel mismo lecho. Como si fuera hoy recordaba cuando habían regresado de la luna de miel, y como él la había hecho sentir que era la reina de su hogar y de su corazón.

En aquel momento venían a su mente las promesas que de rodillas le había hecho una y mil veces de no tratarla mal y de serle fiel y como se había humillado una y otra vez para que Roxana lo perdonara.

Cuantos recuerdos!! Pensaba Diego, de pronto dirigió sus pasos a aquel jardincito donde una vez había cubierto el cuerpo desnudo de su esposa con aquellos pétalos rojos, mientras la acariciaba y besaba con la mayor de las ternuras que solo un hombre enamorado podía haberlo hecho.

De pronto como volviendo en sí, con voz ronca pero casi inaudible, la llamó con desesperación. Los ecos de su voz chocaban contra las paredes de aquel condominio que había sido testigo de momentos de felicidad y de dolor experimentados por aquella pareja.

Desesperado, con el cabello sobre su rostro sudoroso, buscó a su familia por todos los rincones de la casa, luego volvió a su habitación y poniéndose sus manos sobre su frente para limpiarse el sudor, se sentó en la cama y lloró amargamente. De pronto se levantó con un gran sobresalto como si de repente hubiera recordado algo.

Sin pensarlo dos veces, abrió las puertas del closet de su dormitorio. Ahí se encontraba su ropa organizada, doblada y limpia y también se encontraban colgando de los ganchos uno por uno todos los vestidos que él le había comprado a Roxana para que ella los luciera cuando salía con él.

Llenándose aún más de pavor, se dirigió al cuarto de cada uno de sus hijos y abrió los armarios bruscamente. Tal como se lo había imaginado, los armarios estaban completamente vacíos. Como un autómata bajó las escaleras y se dirigió a la cocina a tomar un vaso del armario para servirse un trago.

Cuando abrió el refrigerador, fue cuando miró el sobre que se encontraba sostenido por un imán con la foto de Roxana, sus hijos y él. Ahora se daba cuenta que Roxana lo había abandonado. En ese momento entendía que aquella foto era todo lo que le quedaba de Roxana y sus hijos, nada más aquella foto.

Con manos temblorosas tomó el sobre entre sus manos y lo rasgó ansiosamente, su nombre estaba escrito encima con puño y letra de Roxana.

Sentándose en un banquito empezó a leer la carta. Sus manos no dejaban de temblar y los gestos de su rostro lucían visiblemente alterados. Las venas de su garganta palpitaban aceleradamente. Aquella carta en buena caligrafía decía…

Diego:
Cuando encuentres esta carta, mis hijos y yo estaremos lejos de ti. No puedo ni deseo vivir nunca más a tu lado. No albergues esperanzas de que yo regrese pues no será así. Probablemente me iré lejos por varios años porque te soy sincera, tengo miedo de lo que puedas hacerme a mi y a los niños.

Si en verdad alguna vez nos quisiste no me busques. Trata de olvidarte de nosotros, por tu propio bien.

He puesto un reporte con la policía y probablemente serás arrestado en las próximas horas.

Roxana

Al terminar de leer aquella carta Diego la estrujó entre sus dedos y luego tomó su cabeza entre sus manos y con profundo dolor sollozó amargamente y gritó desquiciado: No Roxana, Noo!!!

16

HASTA QUE LA MUERTE NOS SEPARE

*T*omando fuerzas de donde no las tenía, Diego abrió el armario de la cocina y sacó de la alacena una botella de Vodka con casi medio litro.   Destruído emocionalmente se la tomó sin parar y se tirós el suelo de la cocina.

Cualquiera que lo hubiera visto diría que estaba en estado de coma.   Su rostro estaba sereno, sin emociones, un poco pálido pero se miraba como inconsciente.

Los insistentes golpes en la puerta lo despertaron.   Diego escuchaba los gritos de los policías cuando decían: —Diego

González, abra la puerta. No podrá escapar. Tenemos una orden para entrar a su casa —.

Afuera se oían los intercomunicadores de los policías reportándose a la estación. —El sujeto se encuentra en casa, pero se resiste a abrir la puerta, necesitamos más refuerzos. Cambio y fuera—.

Las luces rojas y azules aturdían la mente de Diego, la cual estaba nublada por el alcohol.

De pronto Diego pensó en sus hijos mientras decía, ... *"no voy a permitir que me lleven a la cárcel. Prefiero terminar con mi vida a que me priven de mi libertad"*.

El pensar en sus hijos lo hizo reaccionar, en medio de lágrimas lloraba mientras decía, ... *"no puedo hacerle esto a mis hijos y a mi madre anciana. Sería un gran dolor para ellos. En que estoy pensando? Mis hijos me necesitan. Tengo que buscar ayuda. Cuando Roxana vuelva conmigo, iremos juntos donde Raúl. Si ella no vuelve, por lo menos no perderé el amor de mis hijos. Ellos son lo único que me queda de mi relación con ella"*.

Roxana había sido muy clara en aquella carta, no volvería con él. Las imágenes de su esposa abandonada y herida en la carretera por los golpes que él le había propinado, golpeaban su mente alcoholizada.

Los golpes en la puerta eran cada vez más fuertes. Diego pensó en Jimena y una a una pasaron por su mente las mujeres con las que se había acostado.

Aquellas mujeres con las cuales él había jugado y le había sido infiel a su esposa. También recordaba a Lydia Parisio y como también lo había abandonado sin dejarle ni una nota.

Lo llamaban por su nombre. Podía escuchar claramente cuando gritaban:—Diego González, si no nos abre, tumbaremos su puerta!! —.

Diego Sabía que lo arrestarían y que caería preso; la violencia doméstica era un crimen castigado severamente por la ley. Temía tener que pagar una condena en la cárcel. Se imaginó en una celda lejos de su familia y de todo lo que hasta hoy había sido su vida.

Todo lo perdería, carrera, trabajo, familia, sus hijos y lo peor su esposa inocente a la cual no había sabido cuidar. Sin su familia, él ya no tenía nada más que hacer en aquel condominio que había sido su hogar.

Diego aterrado al verse atrapado, corrió hacia la puerta de la cocina que lo conducía al garaje. Abriendo la puerta electrónica montó en su motocicleta y salió a toda velocidad tratando de esquivar la policía. No contaba con que detrás del edificio se encontraba una de las patrullas que había venido como refuerzo para su arresto.

El oficial se sorprendió al ver aquella motocicleta repentinamente pasar ante sus ojos a una velocidad desmedida. Sin pensarlo ni por un instante, prendió las luces, activó la sirena y se dispuso a perseguirla.

Diego quien ya había avanzado unos seiscientos metros, miró por el espejo retrovisor y notó que a lo lejos, se veían las luces de una patrulla. Muy nervioso y deseando escapar de aquella situación, miraba hacia atrás con desesperación, mientras aceleraba su motocicleta cada vez más.

En aquel momento solo pensaba en huir, *"no solo debo escapar de la policía, pero también del dolor que me embarga al sentirme abandonado por Roxana pensó. Si tan solo ella supiera que es lo que más amo en mi vida después de mis hijos. Necesito huir lejos, bien lejos, donde nadie ni nada me la pueda recordar a ella o a mis hijos"*.

Tomó una carretera que lo conducía al aeropuerto local. Ahí tomaría el avión que lo llevaría lejos. Por unos momentos se sintió aliviado pues en su espejo ya casi no miraba las luces de la patrulla. No tenía tiempo que perder, pronto las autoridades de la ciudad iniciarían una búsqueda intensa y él no podría escapar.

Tan ensimismado iba en sus pensamientos que aceleró la motocicleta lo más que pudo. Ni siquiera miraba el velocímetro, de pronto perdió el control y en una de las curvas de la angosta carretera la motocicleta resbaló en una caja de cartón que se hallaba tirada ahí accidentalmente.

Diego no tuvo tiempo de girar para esquivar aquella caja, la cual hizo que la motocicleta se desviara del camino y cayera en un precipicio a ochenta pies de altura. Diego fue expulsado de la motocicleta y cayó a unos cien metros de distancia de donde había ocurrido el accidente.

Debido al tremendo impacto de la caída, Diego quedó inconsciente al instante. Ahí estuvo tirado aproximadamente por unos minutos hasta que finalmente el patrullero que lo venía siguiendo llegó al lugar del accidente.

Los paramédicos, ambulancias y otros patrulleros llegaron quince minutos después. Diego yacía inmóvil en el pavimento, cualquiera hubiera dicho que estaba sin vida. Solo se oían las voces de los agentes mientras nerviosos trataban a toda costa de hacerlo reaccionar.

Uno de los paramédicos de pronto dijo: —Miren, aquí está la billetera de este hombre. Tiene su licencia de manejo y también una foto de su familia. Parece que tiene dos hijos—.

Otro patrullero de pronto dijo: —No creo que este hombre llegue con vida al hospital. Miren toda la sangre que ha salido por su boca, probablemente tiene una hemorragia interna—.

Dos días después, cuando Roxana llamó a su madre, ajena por completo al accidente que había sufrido Diego, doña Lucía en medio de lágrimas muy consternada le narró el terrible suceso.

Roxana quedó impactada, al escuchar la noticia. No pudo hablar mucho pues sus emociones no se lo permitieron.

Tenía recuerdos que parecían muy lejanos cuando él tiernamente la tomaba entre sus brazos para acariciarla y eso le dolía profundamente en aquel momento.

Roxana sentada en su cama mientras jugaba con sus hijos pensaba: *"No puedo creer el impacto que ha causado en mi esta noticia. Claro, es normal, es el padre de mis hijos y es mi esposo. No puedo evitar recordar los momentos felices que pasé junto a él. No sé como le explicaré a mis hijos lo que ha ocurrido con su padre"*.

Roxana se sentía culpable de haberlo denunciado a la policía. Su madre le había explicado que el accidente había ocurrido cuando Diego, bajo los efectos del alcohol, manejaba su motocicleta mientras era perseguido por un patrullero.

En aquel momento le dolía más el saber que Diego se debatía entre la vida y la muerte que el dolor físico de las fracturas y heridas en su cuerpo que él le había propinado días antes.

Por las siguientes semanas Roxana asistió a todas las terapias y grupos de apoyo que aquel albergue le ofrecía gratuitamente. Trabajaba con los consejeros del albergue y seguía al pie de la letra todas las instrucciones que le daban para recuperarse del trauma sufrido con Diego.

Casi a diario llamaba a su suegra para preguntarle sobre el estado de Diego, pero doña Luz siempre le decía que su hijo estaba en estado de coma y que los doctores no daban muchas esperanzas que se recuperara.

Roxana en sus momentos de soledad, cuando sus hijos dormían, pensaba en lo que había sido su vida junto a él *"Si tan solo hubiéramos buscado ayuda juntos... pensaba, nuestra historia podría ser otra hoy. Lo que me hace dudar es que de acuerdo a lo que me han dicho aquí los especialistas es que es prácticamente imposible que los abusadores cambien; por el contrario, la violencia nunca disminuye, siempre escala. Probablemente Diego jamás cambiaría.   Efectivamente, la violencia de Diego había escalado al transcurrir los años".*

Tres meses habían transcurrido desde aquel fatal accidente. Roxana y sus hijos ya habían regresado a casa de sus padres. Diego llevaba aproximadamente dos semanas de haber salido del cuadro comatoso pero su salud era crítica pues tenía varias complicaciones.

De acuerdo a lo que los médicos habían dicho, sus riñones y su hígado habían sufrido daños irreversibles y su presión sanguínea no estaba siendo regulada. Además su cuello estaba fracturado. Los doctores habían dicho que si sobrevivía el accidente, quedaría paralizado por el resto de su vida.

Roxana se debatía en un mar de dudas sobre ir o no ir a visitar a Diego al hospital mientras pensaba. *"No puedo hablarle pues no sé que decirle. Tampoco quisiera causarle una impresión que le afecte su estado crítico. Además no sabría como enfrentar a su familia pues me duele mucho su dolor. Los doctores han dicho que Diego probablemente no sobrevivirá".*

Una semana después que Roxana y sus hijos hubieran regresado a casa de sus padres. Un lunes por la tarde para su sorpresa, recibió una llamada de su suegra informándole que Diego había pedido verla a ella sin los niños. Diego no quería que sus hijos lo miraran en el estado en se encontraba y doña Luz había respetado la decisión de su hijo.

Aquella llamada causó en Roxana una sensación de dolor y ansiedad aún mayor que la que ya venía sufriendo por varios meses. No podía explicarse cuales eran sus sentimientos. Ni ella misma sabía que sentía. Después de escuchar las palabras de su suegra, Roxana no pudo tomar la decisión de inmediato.

Reflexionó sobre su visita al hospital por dos días batallando con un enorme conflicto interno en que si estaría haciendo lo correcto o no. La mañana del tercer día se despertó con una convicción casi sobrenatural que debía ir a visitar a su marido ese mismo día.

Se vistió rápidamente, tomó su bolso y se dirigió a su madre diciéndole: —Mamá, voy a visitar a Diego. Por favor, te encargo a Luz Estrella y a Luis Diego—.

Sin pensarlo más cuando llegó al hospital, se acercó a la estación de enfermería y dijo con gran seguridad: —Buenas tardes, mi nombre es Roxana González, mi esposo es Diego González y se encuentra en la unidad de cuidados intensivos de este hospital. Por favor dígame como puedo llegar a su habitación? —.

Las enfermeras le dieron las instrucciones de cómo llegar al lugar. La habitación de Diego se encontraba en el sétimo piso del hospital Las Américas y el elevador estaba un poco lejos de donde ella se encontraba.

Subió por el elevador y finalmente llegó al cuarto número setenta y cuatro, donde se hallaba Diego. Justo al entrar, él la miró directo a sus ojos como si ya hubiera sabido la hora precisa en que ella entraría por la puerta. Roxana notó algo muy extraño en el rostro de Diego. A pesar de que él tenía tubos en su nariz y boca y de los múltiples sueros que se encontraban inyectados en sus brazos, se observaba una bondad en sus ojos que ella jamás había visto desde que lo conociera once años atrás.

Aquel cuerpo mutilado emanába una energía casi palpable. El cuarto de aquel hospital estaba lleno de una paz inexplicable. Esto era algo completamente inesperado y Roxana se había impresionado enormemente. Sin pensarlo más se acercó poco a poco a la cama donde él se encontraba.

Las hermanas de Diego y su madre que se hallaban en la habitación en aquel momento, salieron prudentemente en silencio.

En un acto repentino, como impulsada por un reflejo, Roxana con gruesas lágrimas que brotaban de sus ojos, y con un gesto tierno, tomó la mano de su esposo.

El emocionado por verla a su lado, apretó su mano y se agitó un poco. Sus ojos se humedecieron y no pudo evitar contener sus lágrimas.

Fue ahí como haciendo un esfuerzo visible, empezó a decir: —Tú eres una mujer muy buena …..y muy valiosa pero…. te casaste con un hombre enfermo ….. que te causó mucho dolor. Por mi arrogancia nunca busqué…. ayuda. Esto me costó…. la vida feliz que pude haber compartido…. contigo al lado….. de nuestros hijos. Tu amor se va conmigo—.

Roxana lo interrumpió diciendo: —Diego, no te esfuerces más por favor. Trata de recuperarte y lucha por vivir. Todavía la vida nos puede dar la oportunidad de buscar ayuda y ser felices—.

Roxana no pudo continuar, rompió en sollozos sin poder hacer nada por evitarlo. Después de unos minutos de silencio, Diego sacó fuerzas, las últimas que le quedaban.

Con mucha dificultad para respirar e interrumpido por los sonidos incontrolables debido a su agonía, continuó diciendo: —….necesito ….que busques… ayuda—.

Roxana muy conmovida observó como Diego comenzó a perder conciencia. En un arrebato de desesperación dijo entre sollozos: —No Diego, por favor no te vayas. Tu eres un hombre fuerte y joven, por favor lucha por tu vida! —

Cuando observó que Diego no respondía y que había cerrado sus ojos, Roxana llamó con gran desesperación a las enfermeras que se encontraban en la estación frente al cuarto de Diego.

Al escuchar los gritos de Roxana, dos enfermeras entraron en el cuarto inmediatamente al mismo tiempo que lo hacían la madre y las hermanas de Diego.

Una de las enfermeras, inyectó una sustancia en el suero de Diego, la cual lo hizo reaccionar en pocos segundos.

Frente a su familia y las enfermeras que se hallaban en la habitación en aquel momento Diego pronunció sus últimas palabras sin poder evitar el ahogo incontrolable: —El amor que tu me diste….. se lo entregarás a un buen hombre….. y vivirás….. una vida muy feliz ….. —.

Diciendo estas palabras Diego entregó su vida a la eternidad. En su rostro se reflejaba una paz incomprensible, que sorprendió a todos los que habían sido testigos de aquella despedida.

Contra las paredes blancas del hospital golpeaban incontrolablemente, uno contra otro los sollozos de Roxana y los gritos desesperados de los familiares de Diego.

La madre de Diego estaba inconsolable, abrazada a su nuera gritaba con desesperación: —Se nos fue, Roxana, mi hijo amado se nos fue! No podré soportar este dolor! Es demasiado fuerte, me quiero morir! Dios Mío llévame con mi hijo, te lo suplico! —

Roxana y las hermanas de Diego entre lágrimas trataban de consolarla pero ellas necesitaban ser consoladas también y no tenían las fuerzas para apoyar a su madre en aquel momento.

Todos se lamentaban la muerte de un hombre que había tenido la oportunidad de ser feliz pero que debido a sus múltiples conflictos sufridos a través de su vida no lo había logrado.

La madre de Diego se abrazaba a Roxana, como aferrándose a lo único que quedaba de su hijo que se había ido para siempre.

El funeral fue muy íntimo, Roxana de la mano de sus dos hijos, sus padres y los familiares y amigos más cercanos de Diego se hallaban sentados en las primeras filas de las bancas forradas en blanco que se encontraban en la iglesia. La iglesia estaba decorada con azucenas y lirios blancos con cintas plateadas.

Los profesores compañeros del trabajo de Diego y algunos estudiantes con el estandarte del Colegio Renacer se acercaron a la familia doliente y les expresaron sus condolencias.

Raúl, Oscar, Sebastián, Víctor y algunos de los empleados del colegio también se hallaban ahí al lado de la familia inmediata para apoyarlos en aquel momento tan difícil para todos.

Luz Estrella y Luis Diego, aferrados a la mano de su madre no se separaban de ella. Se miraban tranquilos y seguros a su lado. Roxana se notaba un poco cansada pero tenía una mirada serena. Lucía muy linda, con su traje negro tallado a su cuerpo, tal como a Diego le hubiera gustado verla. Tenía su cabello recogido hacia arriba en un moñito amarrado con unas cintas de rayas negras y blancas.

Su rostro no estaba maquillado, se había cubierto sus ojeras con lentes oscuros. Miraba a sus hijos y de cuando en cuando les sonreía como tratando de infundirles valor y resignación. Tenía que ser muy fuerte para que ellos al igual que ella aceptaran la muerte de Diego como algo inevitable y no sufrieran trauma alguno.

Desde el día que Diego se había accidentado ella y sus hijos no habían dejado de asistir regularmente a los grupos de apoyo. Raúl también los había referido a un profesional y estaban yendo a terapia familiar. Este psicólogo había ayudado mucho a los niños a aceptar el estado de salud de Diego y los traumas que habían sufrido en su pasado.

Un año más tarde...

El día del primer aniversario de la muerte de Diego, Roxana se levantó temprano y cuanto despidió a sus hijos para dejarlos en la escuela les dijo: —En la tarde, cuando salgan de la escuela iremos con su abuelita a la tumba de papi. Yo compraré las flores para que cuando los recoja, nos vayamos directos donde doña Luz y luego vayamos al cementerio—.

Besándolos a los dos se despidió de ellos diciendo: —Quiero que se coman el almuerzo que les preparé. Pongan mucha atención en la clase. Tomen notas y no se les olvide traer la tarea. Cuídense, los veo en la tarde—.

Una vez dejó a los niños en la escuela se dirigió al cementerio donde se encontraban los restos de Diego. La intención de su visita aquella mañana, era meditar a solas en la tumba de su ex esposo.

Cuando llegó al cementerio, descubrió que álguien a quien ella no conocía estaba de pie frente a la lápida. Roxana se acercó y saludó con un simple "buenos días".

Jimena levantó su mirada y como saliendo de sus pensamientos contestó su saludo y agregó: —Me imagino que usted es la esposa de Diego. Mi nombre es Jimena, sé que él le habló de mí hace algún tiempo—.

Roxana sabía perfectamente quien era Jimena y le dolía mucho aquel encuentro pues venían a su memoria recuerdos que todavía le causaban un profundo sentimiento. Diego en uno de sus enojos le había gritado a Roxana que Jimena era su amante. Roxana se la había imaginado muy diferente a la mujer que hoy conocía.

La paz que se reflejaba en el rostro de Jimena hoy, no concordaba con el concepto que ella tenía de la ex amante de su esposo. Una actitud noble que parecía genuina confundió aún más a Roxana mientras Jimena continuó diciendo: —Nunca podré rehacer mi vida sino logro enmendar el daño que le hice a usted y a su familia—.

Roxana continuaba callada, escuchando a Jimena; estaba un poco sorprendida, por lo que esta mujer le estaba diciendo. En los ojos de Roxana se asomaron rápidamente las lágrimas, pues ella sentía que todo el rencor que había guardado por Jimena salía a flote en aquel momento.

Jimena continuó hablando: —Entiendo que mi capricho por conquistar a su esposo le causó mucho dolor a usted y a su familia—.

Roxana la miró extrañada y sin más preámbulos la interrumpió: —Señora, yo no dispongo de mucho tiempo, no sé a donde quiere llegar o que me quiere decir, ni siquiera sé que hace usted aquí hoy—.

Jimena le respondió con una sonrisa comprensiva diciendo: —Entiendo su confusión pero antes de irme quisiera saber si hay alguna forma en la que yo pueda enmendar el daño que hice —.

Roxana no supo que decir, pero percibió en las palabras de Jimena una sinceridad que ablandó su corazón resentido. Quedó en silencio por un momento y sin pensarlo más respondió diciendo: —Admiro su valentía al hablar conmigo de esta manera. No creo que todo haya sido su culpa. Creo que usted fue una víctima más de los errores de mi esposo—.

Jimena antes de despedirse, sacó de su bolso una tarjeta y se la entregó a Roxana diciendo: —Si el día llegara en que usted necesitara cualquier cosa de mi, aquí tiene mi tarjeta —. Diciendo esto, Jimena se despidió brevemente y se encaminó hacia su auto.

Roxana quedó impresionada, *no sé que me pasa, pero siento una paz dentro de mi difícil de explicar. Después de escuchar las palabras de Jimena Salinas, creo que logré perdonarla".*

Miró la tarjeta que tenía en sus manos y le llamó la atención que junto al lado del nombre de Jimena se leían las palabras "Grupo de Ayuda Familiar de ALANON/CODA". Se quedó mirando el nombre en la tarjetita. *"He visto estas letras en las tarjetas que me dieron en el albergue. Ahora recuerdo que ahí enfatizaban que para una víctima de violencia doméstica como lo es mi caso, es imposible recuperarse sin la ayuda de estos grupos".* Miró la tumba de Diego y quedó de pie por unos minutos meditando en lo que había sido su vida con él desde que se habían casado.

Diez años más tarde…

Habían transcurrido diez años desde la muerte de Diego y hoy celebraban los quince años de Luis Diego en casa de los padres de Roxana. Entre los invitados se encontraban la familia de Diego, algunas amistades y el segundo esposo de Roxana.

Ismael Carranza era un hombre de unos cuarenta años, de tez morena, ojos profundos, un hoyo muy remarcado en su barbilla, cabellos y cejas tupidas, dueño de una finca de café en las cercanías del mismo pueblo donde Roxana y Diego se habían conocido.

Tenían cinco años de casados, Roxana a sus treinta y ocho, lucía muy hermosa todavía. Tanto Ismael como Roxana tenían una relación muy compatible. Ismael la apoyaba mucho con sus dos hijos. Diego hoy, era un recuerdo, que tanto para Roxana como para los niños representaba una etapa del pasado. Luz Estrella y Luis Diego eran excelentes muchachos, respetuosos con su madre y tenían una excelente relación con su padrastro.

Hoy se sentía agradecida de haber encontrado apoyo y ayuda espiritual en los programas de los doce pasos. Gracias a la ayuda de los programas de CODA y ALANON, Roxana había logrado alcanzar su paz interior la cual había buscado toda su vida.

Los últimos diez años de su vida habían sido dedicados principalmente al trabajo espiritual que le habían sugerido en estos grupos. Ella atribuía todos los cambios positivos de su vida a la ayuda de un poder superior. Su consistencia en las prácticas de los doce pasos la habían puesto en contacto con ese poder superior.

Hoy, Roxana frente a la tumba de Diego observaba a sus hijos poner las flores con gran cuidado mientras meditaba en su pasado.

De pronto como una alucinación vívida Roxana miró de nuevo el rostro lleno de paz que tenía Diego momentos antes de su muerte. Volvió a escuchar las palabras de él casi audiblemente diciendo: …. *"El amor que tu me diste se lo entregarás a un buen hombre y vivirás una vida muy feliz a su lado"*…..

Por unos segundos quedó inmóvil, un escalofrío recorrió su espina dorsal. A su mente vinieron visiones en las cuales recordaba la paz incomprensible que había visto en los ojos de Diego a la hora de morir.

La misma paz que también había observado en los ojos de aquella mujer llamada Jimena el día que la había encontrado en el cementerio.

Esta misma expresión la había observado recientemente en su propio rostro al mirarse al espejo.

Roxana medió por unos momentos sobre aquella visión mientras se decía a ella misma, *"Pienso que Diego tuvo una visión profética antes de morir. Ismael es el buen hombre al que Diego se refería. A él le he entregado todo el amor que una vez tuve por mi primer esposo".*

Con este pensamiento en mente, abrazó a Luz Estrella y a Luis Diego y se encaminó hacia el auto donde la esperaba su esposo quien había venido en su busca de ellos para llevarlos de regreso a casa.

Fin

CAPITULOS COMENTADOS POR LA AUTORA

1

Cuando se piensa establecer una relación formal con una persona y se hacen planes para el futuro con dicha pareja, siempre debemos preocuparnos por indagar un poco sobre el pasado de esa persona.

El tratar de saber sobre el tipo de hogar en el cual creció nuestra pareja y sobre su familia no es algo de lo cual nos debemos sentir mal ni avergonzarnos en ninguna manera.

Es un derecho que tenemos los seres humanos tanto hombres como mujeres para evitar cometer errores que después nos pesarán cuando ya es un poco tarde.

No debemos sentir temor alguno de preguntarle a él o ella sobre su pasado. Es importante saber, cuan prolongado fue el noviazgo o el matrimonio con la pareja anterior y quien de los dos decidió terminar y la razón que condujo al final de la relación.

De esta manera se nos hace fácil formarnos un concepto más claro de quien es nuestra pareja y cuales son sus antecedentes y los de su familia.Indagando sobre el pasado nos podremos dar cuenta si la persona que estamos eligiendo para compartir nuestra vida tiene problemas emocionales que lo afectarán no solo a él o a ella en un futuro sino a nosotros también y por consiguiente a los hijos que nazcan si decidimos casarnos con esa persona.

Debemos averiguar sobre alcoholismo u otros adicciones en el historial familiar y si hubo algún tipo de abuso doméstico en el hogar que creció esa persona con la cual estamos dispuestos a compartir nuestra vida.

Hay que recordar que la violencia doméstica es un comportamiento aprendido y los niños que fueron víctimas de violencia doméstica generalmente copian la conducta de sus padres cuando se convierten en personas adultas.

Estas pequeñas víctimas de ese tipo de hogar disfuncional nunca conocieron lo que fue vivir en un hogar donde predomina el diálogo y la comunicación efectiva entre sus padres y consideran que los problemas se resuelven únicamente usando la violencia.

Cuando mantenemos una relación en la cual ya hemos envuelto nuestros sentimientos hacia esa persona es muy difícil tomar decisiones acertadas. Si sabemos que existen problemas de este tipo en nuestra pareja o en nosotros mismos, es necesario acudir a terapia profesional antes de que la relación progrese.   La opción de una terapia de pareja nos permitirá lidiar con algunos problemas que si no se les presta atención inmediata se convierten en conflictos cada vez mayores en el futuro.

Si alguna de las dos personas envueltas en la relación se rehusara a recibir ayuda profesional, sería una señal practicamente indiscutible de que esta relación no tiene esperanzas de llegar a ser sólida y saludable.

En el caso de los personajes de la novela Promesas Rotas, Diego González es un muchacho apuesto, profesional, muy elegante quien llega a un pueblito a hacer su práctica docente. Nadie sabe nada de su pasado ni de donde viene. Trabaja para el colegio del pueblo donde su amigo Víctor tiene un cargo administrativo y lo ha recomendado como profesor de ciencias.

Diego se enamora de Roxana Jiménez una linda muchacha quien esta finalizando sus estudios en ese colegio, la cual es su alumna. En cuanto la ve hace todo lo posible para acercarse a su familia con el afán de conquistarla.

Su amor por Roxana se vuelve obsesivo. Diego con sus caballerosidades para con ella y su familia logra atraer su atención para que ella se fije en él.

Ni Roxana ni su familia saben nada sobre el pasado de Diego González el cual ha sido víctima de traumas serios, los cuales lo han marcado más de lo que él mismo se imagina.

Roxana ignorando quien es Diego realmente, por fin acepta ser su novia, dejándose llevar por la atracción física de él, su personalidad romántica y sus detalles especiales para con ella.

Diego es un joven que sufrió muchos traumas durante su niñez y tiene muchas inseguridades dentro de si. Nunca ha buscado ayuda profesional para tratar de resolver sus problemas ni planea hacerlo.

Es un hombre bastante soberbio y tiene el concepto inculcado de que la mujer debe sujetarse a su pareja sin tener derecho a expresar su opinión sobre lo que ella considera sus derechos como ser humano. A Diego también lo afectan problemas de alcoholismo y codependencia.

2

Muchas veces cuando nos encontramos en la etapa del noviazgo, atravesamos por un período de aprobación total con respecto al comportamiento de nuestra pareja, cualquiera que éste sea.

Por temor a confrontar la realidad de los hechos disimulamos ciertos detalles y creemos con todas las fuerzas que las cosas no son como las vemos o las percibimos.

Algunas veces también entramos en una etapa absoluta de negación donde no queremos ver ni escuchar nada negativo que trate de hacernos entender que nos hemos equivocado al elegir a nuestra pareja.

Si alguien nos cuenta algo que no nos gustó escuchar acerca de nuestra pareja, nos enojamos con la persona que trató de ayudarnos a abrir los ojos y la calificamos de intrigante.

Aunque generalmente nos cegamos, algunas veces confrontamos a nuestra pareja, sobre el asunto que nos hicieron ver sobre él o ella.

En la mayoría de los casos, el que está sentado en el "banquillo de los acusados" pretende estar muy ofendido por la falta de confianza que le demuestra su pareja y siempre encuentra una excusa razonable para justificar el comportamiento que es puesto en tela de juicio.

Generalmente asumimos que un noviazgo es suficiente para conocer a nuestra pareja por completo. La realidad tiende a ser lo contrario. En una gran mayoría, las personas durante la etapa del noviazgo no se interesan por adquirir suficiente información sobre su pareja. Esta información es fundamental para formarse un concepto acertado con respecto al futuro que a la persona le espera al lado de su pareja.

En el caso de nuestros personajes, la vecina de Roxana, doña Delia, observa una madrugada cuando Diego llega alrededor de las tres de la mañana en estado de ebriedad.

Como buena amiga de Roxana que es y la madre de su mejor amiga, doña Delia se va inmediatamente a casa de ella y le cuenta lo que presenció la noche anterior.

Roxana como es natural, duda sobre los hechos y confronta a Diego. Este al verse entre la espada y la pared llora frente a su novia y pretende que está muy dolido por lo que ella está pensando de él

Diego lo hace con la intención que Roxana se sienta muy mal por haber puesto en duda su integridad. Roxana se arrepienta y le pide perdón por haber dudado sobre su "intachable reputación".

Al fin, Diego termina convenciéndola que si bien es cierto que tuvo que salir de emergencia para la ciudad a atender un asunto familiar y que efectivamente llegó de madrugada a su casa no se encontraba en estado de ebriedad.

Roxana le creé y se ciega por completo. Su noviazgo continúa con Diego totalmente convencida que doña Delia hizo un juicio ligero sobre su novio.

3

El día de la boda es algo memorable y muy especial para cualquier persona que decide contraer nupcias y llegar al altar. Especialmente para la novia la cual está deseosa de que por fin está a punto de consumar su amor con el ser amado.

El hombre muchas veces actúa nervioso, impaciente, ansioso y en algunas ocasiones irritable. Sabe muy bien que el dar el paso del matrimonio lo obliga en cierta manera a comprometerse por completo a una vida bastante diferente a la que está acostumbrado a llevar.

Los mismos amigos muchas veces tratan de persuadirlos de que no se casen para que no pierdan su libertad. Todo esto los atormenta en gran manera y el hombre se pone tenso antes de dar el si en el altar.

En la novela Promesas Rotas, este comportamiento es representado por medio del personaje de Diego, quien se encuentra un poco asustado el día de la boda y temeroso del paso que está pronto a dar.

No le hace mucha gracia tener que dejar atrás a sus amigos tales como Sebastián quien en broma trata de convencerlo que no se case pues va a perder muchas libertades a las que está acostumbrado.

Diego también está preocupado y comparte con su madre el temor que tiene de que su relación con Roxana termine igual que terminó la que mantuvo anteriormente con Lydia Parisio.

Diego sabe perfectamente que el fue un novio abusivo con Lydia y ella terminó abandonándolo y huyendo a las Islas Filipinas sin dejar huella ni una nota para él.

Diego teme mucho que su relación con Roxana algún día se estropee y por eso se asegura que su vida junto a ella sea planeada diferente a la que él mantuvo con Lydia.

Lydia era una enfermera en un hospital local de la ciudad donde ellos vivían y sus violentas y acaloradas discusiones estaban basadas en los celos infundados y enfermizos por parte de Diego cuando la veía hablando con los enfermeros y doctores en su trabajo.

Lydia soportó empujones, insultos y otro tipo de agresiones por parte de Diego cuando ella se veía obligada a compartir con sus colegas asuntos relacionados con trabajo y Diego llegaba en esos momentos.

Después del trauma sufrido con Lydia, Diego se ha cerciorado que Roxana no trabaje ni tampoco vaya a la universidad a terminar su carrera. También tiene planeado llevársela lejos de su pueblo, de sus amigos y de sus familiares.

De esta manera él se asegurará que la historia con Lydia no se repita y él pueda ser muy feliz junto a su amada Roxana como sucede en los cuentos de hadas.

4

Como dije en el comentario del primer capítulo, nunca nos podremos dar cuenta del tipo de hogar en el que creció la persona que hemos elegido para compartir nuestras vidas si no se lo preguntamos.

Muchos de nosotros no hemos crecido en el hogar ideal y los problemas que nos afectan en nuestra vida adulta en la mayoría de las veces están directamente conectados con los traumas emocionales que sufrimos durante nuestra infancia.

Las personas que crecen en hogares con padres alcohólicos algunas veces desean cambiar sus vidas y tratan en sobremanera en no parecerse en nada a sus procreadores. Otros por el contrario imitan el comportamiento de sus padres y actúan en sus hogares conforme a lo que presenciaron cuando eran niños.

En el drama que viven Roxana y Diego en la novela Promesas Rotas, la situación que presentan los personajes es bastante similar.

Diego por su lado tiene secretos oscuros en su familia que él mismo se decide revelarle a Roxana cierto día en que ella disgustada con él por no dejarla escoger unos trajes se muestra resentida.

Ella a su vez, cuando regresan de la luna de miel, una vez en su hogar, comparte voluntariamente información sobre su padre y el trato que le daba a ella, a su madre y a sus hermanos cuando Roxana era tan solo una niña.

Roxana creció en un hogar donde su padre era quien tenía el control absoluto de las finanzas y hacía las decisiones sobre todo lo concerniente a su familia. Un hombre extremadamente celoso quien no le permitía a su mujer usar perfume o tener ningún tipo de actitud vanidosa que mejorara su aspecto físico.

Por otro lado Diego, vive en un hogar abusivo donde sus padres no están casados y su madre es denigrada y maltratada por su padre. Su madre sufre abuso físico, mental, emocional y sexual por parte del padre de Diego.

Diego le confía a Roxana su vida de niño y comparte con ella como su padre fue encarcelado, debido a una golpiza que le propinó a su mujer, la madre de Diego.

Al salir de la cárcel, el padre de Diego busca nuevamente a su concubina y sus hijos y vuelven a vivir juntos en una relación donde el amor está ausente; él la mantiene con sus hijos para que ella le sirva como empleada doméstica y como su amante a la misma vez.

Ambos, Diego y Roxana, sienten autocompasión de ellos mismos por los hogares en los que crecieron y expresan sus temores de que algún día su hogar se pueda parecer al de sus padres.

A nivel conciente hacen un recuento de los eventos que se llevaron a cabo cuando vivían con sus padres y se prometen uno al otro no cometer los mismos errores que sus progenitores hicieron.

5

El hombre machista y controlador por lo general se opone a que su esposa tenga amistades, salga de compras, estudie o trabaje cuando él se encuentra fuera de casa.

Este tipo de hombre es muy inseguro y tiene un gran temor que su mujer encuentre otra persona y sintiéndose atraída a un tercero, lo abandone a él.   Es por esto que se asegura muy bien que su esposa no salga si no lo hace con él.

Si la mujer por cualquier razón trata de rebelarse o discutir sobre una posibilidad de trabajo o estudio, el hombre machista se parará firme en sus creencias y si es posible usará la violencia para impedir que su mujer se salga con la suya.

Al levantar su voz o demostrar su autoridad por medio de puñetazos y gritos, la mujer generalmente se intimida y no insiste más. Esto causa que la comunicación de la pareja se deteriore, causando resentimientos reprimidos que luego se manifiestan por medios de conflictos más serios.

Volviendo a nuestros personajes, Roxana cierto día cuando Diego entra, le comenta que se aburre un poco en casa y que le gustaría volver a la escuela para finalizar su carrera que dejó truncada cuando se casó.

Diego la mira con cara de pocos amigos y le dice que ella no tiene necesidad de nada y que él no entiende la razón por la cual ella quiere finalizar una carrera que nunca va a poner en práctica.

Como Roxana insiste, Diego grita fuera de si y la maltrata físicamente para tomar control absoluto sobre la persona de su esposa.

Roxana se siente muy herida porque Diego la maltrató y mira en el espejo como los dedos de él han quedado marcados en su rostro.

Diego sale de su casa muy exaltado y en el término de tres o cuatro horas entra con un osito de peluche en sus manos y con un ramo de flores.

Roxana se halla acostada en el sofá. El le ruega que lo perdone y le promete que jamás volverá a agredirla.

Roxana se siente culpable y confundida sobre la situación. Diego por el contrario queda satisfecho y complacido por haber dominado a su mujer y espera que ella nunca más intentará contradecirle una orden.

Roxana silenciosa esa noche, medita en el control que su esposo demuestra sobre ella. Se llena de temor al pensar como será su vida junto a él en diez años.

6

El hombre con características de abusador se inclina a darle mucha importancia al aspecto sexual en sus relaciones.

Usa a su esposa o a su compañera como un objeto que él toma y deja a su antojo una vez satisface sus necesidades.

En este capítulo, podemos ver como Diego se aleja de Roxana y lo hace a un nivel inconciente. Ya no siente los mismos deseos de estar con ella ni le demuestra su amor como lo hacía antes.

Se escuda en lo que la doctora les recomienda sobre abstenerse de tener sexo en los últimos meses de embarazo. Diego está de mal humor, Roxana se siente rechazada por él.

Roxana le reclama a Diego que él la ha rechazado cuando ella intenta besarlo.

El se pone de mal humor le grita una grosería y Roxana indignada le sirve la cena pero no se sienta con él.

En ese momento toma lugar la explosión violenta de Diego. La maltrata y ella llora y trata de defenderse de él. Lo insulta y Diego enfurece aún más.

De ahí Diego se arrepiente de lo que ha hecho y se va a la calle y cuando viene juega el papel de víctima. Roxana se siente culpable una vez más y teme que él la vaya a abandonar. Por lo tanto lo perdona nuevamente.

Esta reconciliación presenta la tercera etapa del ciclo que es conocida como la etapa de la luna de miel.

7

El hombre codependiente muchas veces sufre de adicción al sexo. Cuando este es el caso, este tipo de hombre no puede serle fiel a una sola mujer.

Pueden pasar lapsos de tiempo en donde pareciera que ha cambiado su comportamiento, sin embargo en la primera oportunidad que se le presenta de ser infiel, no lo piensa dos veces sino que se lanza a la conquista de su próxima víctima.

Generalmente este tipo de hombre valora muy poco a la mujer y la usa como un instrumento sexual para satisfacer sus necesidades fisiológicas.

Son hombres altamente irresponsables que no se preocupan por los sentimientos de sus parejas. Suelen presentarse ante sus conquistas como hombres muy románticos y sensibles y eso hace que sus mujeres crean en lo que les dicen y se entreguen a ellos rápidamente.

Un hombre promiscuo no se satisface sexualmente con una sola mujer, desea estar con una mujer hoy y con otra al día siguiente. Sin embargo teme ser descubierto y es por eso que esconde sus aventuras.

En el caso de Diego, él se entusiasma con el plan de su amigo Sebastián, quien es un hombre igual a él. Los dos son compañeros de parrandas desde muy jóvenes y están acostumbrados a tratar a las mujeres como objetos sexuales.

Diego esconde su salida de Roxana pues se siente complacido de pensar que su plan va a resultar perfecto y que ella no se enterará de su aventura.

Muy dentro de él, siente que está haciendo mal dejando a Roxana embarazada, especialmente porque ella ha experimentado un embarazo de alto riesgo.

Es mucha la tentación para él, la llamada de su amigo "Sebas" y sin pensarlo dos veces se lanza a la conquista de la muchacha hawaiana que conoce en la fiesta.

Diego no ha tenido un ejemplo a seguir pues su padre menospreció a su madre desde que él era muy pequeño. No solo la menospreció pero también la golpeaba y la utilizó toda su vida para que le sirviera como su sirviente.

Después de haberle sido infiel, Diego recoge a Roxana en casa de sus padres y se disgusta cuando llega a recogerla y la encuentra fuera de la casa de sus suegros. Se muere de rabia de pensar que ella no esté ahí, deseosa de abrazarlo y decirle cuánto lo extrañó los dos días que él estuvo lejos.

Cuando ella entra en casa de sus padres, él disimula su culpabilidad y la regaña y hasta la castiga por haber estado en casa de la vecina. Roxana no entiende la actitud de su esposo. Ella está lejos de pensar que él le ha sido infiel y se siente culpable del enojo de su esposo.

8

Los especialistas en violencia doméstica al igual que los psicólogos sabemos perfectamente que la violencia nunca desciende, todo lo contrario cada vez los incidentes son más graves y la mujer que se encuentra atrapada en el ciclo, conforme pasa el tiempo corre más peligro.

Las mu jeres víctimas de la violencia doméstica tratan de justificar a sus parejas y dicen que su hombre no las maltrata todo el tiempo. Que los incidentes no ocurren todos los días.

Cuando un bebé nace y la pareja no tiene una relación estable, el abusador por lo general se torna de mal humor. El nuevo miembro en la familia trae al hogar cambios en las rutinas que la pareja tenía cuando ellos estaban solos.

El hombre generalmente se pone de mal humor al no sentir toda la atención de su mujer en él. Repetimos, su machismo se siente herido de que su pareja ahora dedica largas horas a su bebé y a él lo descuida, por decirlo así.

Un hombre que no es abusador, cuida de su mujer en esa etapa y la ayuda y juntos atienden las necesidades del bebé. El hombre que no valora a su esposa la ve desmejorada y ya no le gusta estar con ella como cuando la conoció o cuando se casaron.

Ella resiente ese comportamiento algunas veces en silencio, pero acumula su resentimiento dentro de ella y algunas veces le contesta a su esposo con palabras inapropiadas deseosa de herirlo de alguna manera.

Diego, está contento en el momento en que nace su hija Luz Estrella. Se promete a él y le dice a Roxana que ambos cuidarán de su hija y tienen un encuentro espiritual que dura muy pocos días.

En cuanto llegan a la casa, a Diego le molesta que Roxana no le preste la atención que él se cree merecedor. Le molesta que la niña llore por las noches y que él se tenga que ir a trabajar al día siguiente después de haber pasado una mala noche.

Seis meses después que nace Luz Estrella, Diego está cansado de venir a su casa y ver a Roxana con su hija en sus brazos y sarcásticamente la ataca en su autoestima cuando la encuentra haciendo ejercicio. En vez de halagarla por ello, la insulta y trata de hacerla sentirse mal.

Roxana por otra parte ya está cansada de los sarcasmos de su esposo y no tiene paciencia para escuchar palabras groseras como las que Diego últimamente acostumbra decir.

Ese día Diego la maltrata emocional y físicamente y está cercano a asesinarla, golpeándola contra la pared, dejándola inconciente en el suelo. Luego cuando ella se logra recuperar del golpe, la amenaza con una navaja y está a punto de matarla.

Después de aquel serio incidente, Diego se sienta en la sala mientras Roxana se encierra en el dormitorio con su hija. El se siente mal, tiene terror de ir a la cárcel y llora arrepentido por lo que hizo y reconoce que su perdió el control.

Diego no busca ayuda profesional, ni siquiera considera la posibilidad de que tiene un problema grave en su matrimonio. Cree que haber perdido el control es algo normal, pues él aprendió ese comportamiento disfuncional de su padre quien siempre maltrató a su mamá frente a sus ojos.

Uno de los temores mayores de un hombre que abusa a su pareja es ir a la cárcel. Generalmente obligan a su mujer a ocultar los golpes por medio de usar vestidos de manga larga que cubran sus heridas.

Cuando la mujer se ve forzada a ir al hospital o al médico a tratarse alguna de las lesiones, el hombre la manipula generalmente con la excusa que la policía podría quitarles los hijos si ella dice que él la golpeó.

Uno de los argumentos más convincentes que usa el abusador para convencerla es lo que pueda ocurrir si ella dice la verdad por eso es que le dice que relate los hechos como si ella hubiera sido víctima de un accidente.

La mujer por su excesiva codependencia con el abusador muchas veces le hace caso y omite la verdad de los hechos ante las autoridades y a los médicos. Los doctores obligatoriamente tienen que reportar los casos sospechosos a las autoridades para que los investiguen.

Los abusadores saben esto y convencen a sus mujeres a que le mientan a la policía también, las intimidan diciéndoles que pueden perder a sus hijos o si no tienen un estado legal en el país pueden ser deportados.

Las mujeres por temor a lo que sus parejas les dicen, no confiesan la realidad de lo que pasó y esto le da al abusador más control sobre sus víctimas.

Diego se ve forzado a llevar a Roxana al hospital pues sus golpes le causaron una lesión seria en el ojo de Roxana. Ambos le mienten al médico diciendo que Roxana rodó por los escalones.

El doctor no queda convencido en absoluto con la versión de los hechos que ellos le dan y reporta el caso a la policía. Las autoridades locales los visitan sin embargo, no hallan evidencia suficiente para hacerle cargos judiciales a Diego.

Diego se asusta y se intimida por el accidente, él sabe que ahora tiene antecedentes de golpeador y le suplica a Roxana que traten de ser felices.

La invita a que vayan a disfrutar de una segunda lunal de miel. Ella se niega a ir, sin embargo queda atrapada en el ciclo de la violencia doméstica en la cual está atrapada desde el día que se casó con Diego.

9

Como dije anteriormente el hombre abusador por lo general es infiel y no se mide en refrenar su pasión cuando se siente atraído por una mujer.

Una de sus mayores justificaciones para buscar sexo fuera del hogar es decir que su esposa le hace su vida un infierno y que él es una víctima de ella.

Generalmente se refugia en brazos de otra mujer que al igual que él es adicta al sexo y ambos se sienten atraídos uno al otro para poder compartir sus frustraciones y sus adicciones.

El hombre abusador no quiere a nadie. Solamente se quiere asimismo, sin embargo es un gran actor y actúa como galán romántico, lo cual hace que cualquier mujer se sienta atraída por sus encantadores dotes de hombre conquistador.

La amante llena el tiempo que antes ellos dedicaban a su mujer y su familia. Conforme pasa el tiempo y la relación avanza, el hombre se siente en cierta manera que está atrapado y confundido y no sabe si se ha enamorado de su amante o si solo siente pasión por ella.

A su esposa la mira desde otra perspectiva, siente que es la compañera, la madre de sus hijos, la mujer que él escogió para compartir el resto de su vida, pero no la aprecia como tal.

Diego, se disgusta cuando Roxana le anuncia un segundo embarazo.   Le molesta el hecho que ella no le haya consultado primero si él quería tener otro hijo con ella.

Roxana por otro lado le reclama que él nunca está con ella los fines de semana con el pretexto de las tales excursiones de niños exploradores, Diego casi todos los fines de semana se escapa con su amigo Sebastián a parrandas de las cuales Roxana sospecha pero no ha comprobado que él le sea infiel .

Frustrado por la discusión sostenida con Roxana, Diego llega al colegio y se encuentra en la sala de profesores con la nueva secretaria del departamento de ciencias.   Es una mujer escultural y muy sexy que inmediatamente atrae la atención de Diego.   La atracción es mutua y ambos coquetean por un rato y horas después, se van al apartamento de Jimena y se convierten en amantes.

Ahora las salidas de Diego son más frecuentes pues visita a Jimena en su apartamento en sus ratos libres y durante los fines de semana. Generalmente llega tarde a cenar y con gran indiferencia se sienta frente al televisor por largas horas.

Roxana se ha acostumbrado a que Diego sale solo y ella por su lado se va con Luz Estrella a las tiendas, al parque y a otros lugares.   Diego contrariamente de lo que fue al principio del matrimonio, no le importa que ella salga sola con su hija y descuida por completo su relación con su esposa e hija para entregarse de lleno a su nueva aventura con Jimena.

Diego se siente mareado por los encantos de Jimena y cuando está al lado de Roxana desea estar con Jimena.

Roxana en un intento de desesperación por salvar su matrimonio lo seduce una noche cuando él regresa de la casa de su amante.   Diego cae en brazos de su esposa esa noche, sin embargo su relación con Roxana se desborona día a día sin que ninguno de los dos pueda hacer algo por evitarlo.

Diego finalmente acepta que ella va a tener un nuevo hijo y se esfuerza por ser cariñoso con Roxana. No lo logra, pues muy dentro de él, Diego siente que se ha enamorado de Jimena.

10

Generalmente el hombre que decide envolverse en una relación fuera del matrimonio, sufre un conflicto en su interior sobre cual de las dos relaciones le conviene más. Debemos recordar que es un hombre altamente egoísta que solo piensa lo que le conviene a él.

A la amante en la mayoría de las veces le pide tiempo para dejar a su esposa y a sus hijos y casarse con ella y a la esposa le niega tener una relación con otra mujer.

Sin embargo este hombre, atraviesa momentos difíciles y se confunde pues no sabe a cual de sus dos mujeres ama realmente. Aunque es un hombre con bajos valores morales y le importa poco su familia, las circunstancias de la vida algunas veces lo llevan a experimentar arrepentimiento por su comportamiento.

En el caso de Diego, él cree estar enamorado de Jimena. La muchacha es guapa, sensual y vive para él. En los momentos que él pasa con ella, Diego se siente el rey de su vida.

En cuanto a Roxana, siente que la quiere de manera distinta pero no se siente tan atraído por ella como cuando la conoció. Sin embargo reconoce que es la madre de sus hijos y le da un valor sentimental a su relación con ella.

Cuando Roxana tiene su segundo hijo, Diego se encuentra lejos en un hotel de playa con su amante.   Roxana sospecha, casi está segura que él tiene una amante pues lo nota en su comportamiento. Así se lo reclama cuando él la llama.

Cuando Diego llega al hospital, le duele ver el estado emocional en que ella se encuentra.   Roxana no puede parar de llorar, se siente muy mal que Diego no haya estado con ella cuando nació su bebé.

Diego se desespera y muestra un arrepentimiento sincero por su comportamiento, se siente un hombre miserable y canalla pues no puede con sus sentimientos de culpa.

Al ver a su esposa en aquel estado, se desespera él también y toma la decisión de terminar su relación con Jimena aunque de antemano sabe que le va a costar mucho dar el paso.

Jimena por su lado, sospecha que Diego va a terminar con ella, lo nota raro y muy indiferente.   Trata por todos los medios de persuadirlo a que vaya a verla cuando cierren el hospital.   El consiente en ir a verla pero está totalmente decidido a terminar su relación con Jimena.

11

El hombre abusador y golpeador no se mide en su violencia cuando se siente atacado o humillado por su víctima. Este tipo de hombre quiere tener el control constantemente con las mujeres que él se relaciona sentimentalmente.

Si la amante trata de defenderse de sus insultos o de sus palabras hirientes, el hombre abusador la golpeará igual que hace con su esposa.

Generalmente estos hombres tienen la filosofía que si golpean a las mujeres con las que están envueltos, éstas se sujetará más sumisamente a ellos y por ente el control sobre ellas crecerá desmedidamente.

Por otro lado la mayoría de las amantes y de las esposas de estos hombres tienen un auto estima bastante baja y codependen de sus parejas extremadamente.

Hay que tomar en cuenta que la mujer que está en la posición de amante está en cierta manera cansada de darlo todo a cambio de nada. No se siente digna de recibir una promesa o un compromiso por parte del hombre al cual creen amar.

Cuando este tipo de hombre abusador decide dejar a su amante sea porque ha conocido a alguien más o porque quiere evitar sentirse mal teniendo una doble vida, la reacción de la mujer generalmente es violenta y eso despierta la violencia en su pareja causando una explosión mutua y muy peligrosa.

Diego llega a la casa de Jimena, viene dispuesto a terminar su relación con ella, le explica los motivos que tiene, en su percepción de una manera razonable, pero Jimena se siente usada y engañada por él.

La reacción de furia que experimenta Jimena enciende la violencia en Diego y terminan agrediéndose uno al otro sin controlarse ni pensar en las consecuencias de lo que pueda suceder.

Jimena está destrozada emocionalmente. No puede soportar el dolor que le causa el separarse de Diego. Diego por su parte, se siente aliviado de que todo haya terminado entre ellos pues de esta manera él se ha liberado del problema de su doble vida y podrá intentar nuevamente volverse a enamorar de su esposa.

Diego, finalmente no puede olvidar a Jimena y se convierte en un hombre amargado que trata mal a Roxana pues la considera un obstáculo que lo separa de la mujer con la cual él quiere estar realmente.

Mientras tanto, Jimena encuentra una amiga, una vieja profesora que la aconseja cuando la ve llorando por Diego. La profesora la ayuda y en pocos meses Jimena se transforma en otra mujer a la cual Diego desconoce por completo.

Diego intenta reconciliarse con ella pero Jimena lo rechaza para sorpresa de él y lo deja completamente confundido con su reacción. Diego observa que Jimena es una mujer distinta a la que él conoció y se enamoró perdidamente y no se puede explicar que la hizo transformarse por completo.

Diego no sabe que Jimena está yendo a un grupo de apoyo que está basado en los doce pasos y que ayuda a las personas a salir de la codependencia en que se encuentran.

Diego no sabe que las personas que trabajan el programa de los doce pasos toman fuerza para salirse de relaciones sentimentales que envuelven la codependencia como lo es el caso de Jimena.

12

Cuando el hombre abusador se da cuenta que la mujer ha tomado la decisión de dejarlo y que ha perdido el interés de seguir a su lado, su machismo se siente herido y su auto estima se debilita aún más. Este individuo tratará por todos los medios de reconciliarse con ella.

El mayor temor que éste hombre tiene está basado en perder el control sobre la relación y su pareja. El solo pensar que se va a quedar solo o que va a experimentar un fracaso, no le permite disfrutar de la libertad y placer que le daría su soltería.

Sus amigos y las parrandas a las que tanto le gusta frecuentar las encontrará vanas sino tiene la seguridad que le da el tener una mujer pendiente de él en su casa a la cual él pueda tomar y dejar a su antojo.

La autoestima de este macho sufre al extremo que no le importa rogarle a su pareja que no lo deje y modificar su comportamiento por algún tiempo hasta que la convenza nuevamente de seguir a su lado.

En nuestra novela esta etapa se ve reflejada cuando Roxana se mira totalmente decidida a divorciarse. Esta escena ocurre poco después que él le confiesa que tuvo una amante, la cual Roxana sospecha que estaba con él cuando su hijo Luis Diego nació.

En el mismo momento el padre de Roxana cae gravemente enfermo y eso distrae un poco a Roxana de la meta de divorciarse de su esposo. Diego tomando ventaja de esto se muestra solidario con el dolor por el cual atraviesa la familia de su esposa y trata por todos los medios de manipular la situación de divorcio para que Roxana cambie de opinión.

13

El hombre abusador que logra por medio de su control que su mujer se quede en su relación no logra ser feliz con ella. Sus viejos hábitos y sus costumbres hacen que tanto él como su pareja sufran las consecuencias de su comportamiento.

No disfrutan para nada de su vida familiar. Prefieren compartir con sus amigos y frecuentar sus acostumbradas parrandas que ir a paseos que envuelven actividades familiares y sanas diversiones.

Estos hombres están acostumbrados a su familia y la codependencia que desarrollan por los años de convivir con sus esposas y sus hijos y esta es la razón por la cual no desean abandonar su familia.

Sin embargo su agresividad al tratar a su mujer y la frialdad con la que se comportan con sus hijos crece desmedidamente sin darse cuenta ellos mismos que son muy infelices tratando de sostener un hogar sobre bases muy débiles.

En el caso de Roxana y Diego, la codependencia que han desarrollado ambos através de los años no los deja ser felices pero tampoco toman el valor para separarse.

Roxana seduce a Diego para que él acepte ir a la reunión de graduados a la que Roxana ha sido invitada. Por la codependencia extrema de Diego, y su adicción al sexo, Diego finalmente cáe preso en sus instintos carnales y accede a la petición de ir al club.

Cuando llegan se dan cuenta que es el mismo club donde Diego le pidió matrimonio. Roxana trata de revivir los recuerdos pero Diego responde de una manera indiferente que le molesta mucho a Roxana.

Cuando Roxana le reclama sobre su reacción fría, Diego se pone de mal humor y se va a pescar con sus amigos dejando a Roxana sola en la reunión.

Ella va con sus hijos a nadar y cuando sale de la piscina y está a punto de cambiarse, Raúl, su ex pretendiente viene a su encuentro a saludarla. La reacción de Roxana asusta a Raúl quien es consejero especialista en terapias de pareja.

Raúl se da cuenta inmediatamente que el matrimonio de Roxana y Diego no camina bien. Ve el pavor en los ojos de Roxana cuando le ruega que se aleje de ella. En pocas palabras le pide que le permita ayudarla y le entrega una tarjeta para que ella vaya a terapia acompañada de Diego o sin él.

Cuando se están despidiendo, Diego los mira y en su percepción, le parece que están tomados de la mano mirándose a los ojos.

Fuera de si, se viene al encuentro de ella y ahí en el club, sin importarle quien lo vea la agrede física y verbalmente. Cuando se suben al carro, la golpea contra la ventana del auto. Diego está borracho y fuera de si y sacándola del vehículo, la arrastra a la carretera.

Esta vez, se le pasa la mano y la golpea como nunca lo ha hecho antes. Roxana pierde la conciencia y Diego cree que la mató.

Diego completamente seguro que su mujer le ha sido infiel con Raúl, la deja abandonada en la carretera a merced de lo que le pueda pasar.

Este episodio marca claramente que la violencia asciende a pasos agigantados en una relación abusiva y nunca aminora. Diego jamás había golpeado a su esposa de aquella manera.

14

Cuando el hombre abusador pierde el control y se deja llevar por los celos enfermizos, su mujer corre un enorme peligro si continúa junto a él.

Durante la última faceta del ciclo de la violencia doméstica, la etapa de la luna de miel donde el abusador llora arrepentido desaparece y la tensión es seguida de la explosión y aquí es donde la mujer corre peligro de muerte más que nunca.

Muchas víctimas de la violencia doméstica buscan alternativas para huir del abusador en esta faceta. Generalmente en esta etapa es cuando confían en sus amistades cercanas o en sus familiares sobre lo que está ocurriendo en su matrimonio para que alguien las aconseje que deben hacer.

Este alguien puede ser un médico, un maestro, un familiar o un buen amigo que llevará a las víctimas con un profesional o a un grupo de apoyo donde ellas puedan desahogarse y expresar sus sentimientos en una forma abierta.

A todas las víctimas de violencia doméstica se les recomienda que asistan a grupos basados en los doce pasos tales como CODA (co-dependientes anónimos) o ALANON. Estos grupos en conjunto con un tratamiento psicológico representan la única esperanza que tienen estas mujeres para lograr el cambio radical en su vida que ellas necesitan.

Entre las preocupaciones que frecuentemente tienen estas mujeres, está la de las finanzas. No tienen idea como se van a mantener ellas y sus hijos si el hombre no aporta ayuda financiera.

Los albergues para este tipo de mujeres cuentan con fondos para ayudarlas financieramente hasta que ellas logren rehabilitarse y comenzar una nueva vida.

En el caso de Roxana y Diego, la violencia por parte de él expuso a Roxana al peligro de morir en la carretera oscura donde la dejó abandonada. Ella está muy mal herida por los golpes que él le ocasiona esta vez.

Si no es por don Héctor quien representa en nuestra historia el buen samaritano que le ofrece su ayuda, Roxana pudo haber muerto en el lugar.

Después del violento incidente Roxana decide a empezar una nueva vida con sus hijos, sin Diego a su lado. Diego se va a su casa y no muestra señales de arrepentimiento por los golpes que le propinó a su esposa. En medio de los efectos del alcohol, se da poca cuenta sobre lo que ha hecho.

Roxana visita el médico con su madre y éste le recuerda que su única esperanza es buscar ayuda refugiándose en uno de los albergues para víctimas de violencia doméstica.

Roxana traza su plan de escape y con la ayuda de su madre rescata a sus hijos y pone el reporte en la policía local, en el cual acusa a Diego por haberla golpeado y abandonado en la carretera.

15

El abusador es un hombre inteligente pero cuando pasa por uno de los episodios de celos enfermizos no piensa en otra cosa que en vengarse de su pareja.

Cuando entran en la realidad de que están equivocados se desesperan y buscan a su pareja. Muchas veces es muy tarde pues las víctimas no desean volver con ellos.

Muchas veces estos abusadores optan por terminar con sus vidas pues piensan que vivir no tiene sentido si su pareja los ha abandonado.

En el caso del personaje de Diego, cuando habla con Raul y se da cuenta que está equivocado y desquiciado sale en busca de Roxana.

Cuando llega a su casa y no la encuentra y lee la carta que ella le deja de despedida, se da cuenta que ha perdido a su esposa, la cual se ha llevado a sus hijos.

A partir de ese momento Diego empieza a tomar licor y es despertado por la policía. Cuando se ve acorralado por las autoridades decide escapar con la esperanza de regresar algún día y buscar a Roxana.

Piensa en sus hijos, en sus padres y en la posibilidad de volver con Roxana en un futuro. Eso le da la fuerza para tratar de escapar de la policía.

16

El abusador, como dijimos anteriormente, tiene terror de ir a la cárcel a pagar por su crimen. El tiempo que pasará en prisión lo hará sentirse que ha perdido el control sobre su mujer y sobre todo lo demás en su vida.

Debemos mantener en cuenta que el abusador es un hombre altamente controlador, no solo en la situación de su hogar sino que trata de estar en control de todo lo que lo rodea.

Algunas veces prefiere quitarse la vida que pagar por su crimen o sus múltiples crímenes. El abusador es un hombre con una auto estima muy baja, que se escuda en su personalidad violenta para aparentar ser un hombre fuerte y respetado por todos.

Cuando se ve perdido y acorralado no está dispuesto a perder ese control y prefiere morir que entregarse a las autoridades.

Algunas veces optan por huir y convertirse en fugitivos de la justicia cambiando sus identidades y moviéndose de ciudad en ciudad y de pueblo en pueblo aunque eso les provoque un gran estrés por el resto de sus vidas.

Como dije anteriormente, el personaje de Diego no es una excepción. Cuando se ve preso en su propio condominio y acorralado por la policía quien ha venido en su busca, Diego piensa en quitarse la vida.

Es demasiado cobarde para hacerlo, por eso decide huir lejos donde nadie lo encuentre y dejar que pasen los años y que las cosas se enfríen.

En este momento Diego no piensa en su carrera como profesor. Sabe que después de este incidente, jamás podrá ejercer nuevamente. Eso es lo que menos le importa en ese momento.

En su afán de huir, Diego, alterado por toda la situación estresante que vive en ese momento, tiene un fatal accidente en una motocicleta. Por el impacto, Diego es lanzado a muchos metros en la carretera y queda en estado de coma.

Mientras tanto, Roxana recibe terapia en el albergue donde se refugia con sus hijos. Aun cuando sale del lugar continúa asistiendo a los grupos de apoyo de los doce pasos. También asiste a las sesiones de terapia que le recomendó Raúl quien la ayuda a ella y a sus hijos a superar en cierta manera el trauma que sufrieron durante los años que vividos con Diego.

Diego despierta del coma pero sus órganos vitales no se recuperan de las heridas que le causó el accidente. Al sentirse tan cerca de la muerte, Diego experimenta un despertar espiritual que lo hace ver sus errores con gran claridad. Pide ver a Roxana y la aconseja que busque ayuda profesional.

Intenta controlar la vida de Roxana aún en el momento en que muere. Deja planeada su vida y le dice que tipo de hombre debe atraer para poder ser feliz. Roxana emocionada por las palabras impactantes que pronuncia Diego antes de su muerte, se deja dócilmente guiar por él y sigue sus consejos al pie de la letra.

Un año mas tarde encuentra a Jimena Salinas en el cementerio cuando ambas van a visitar la tumba para poner flores. Roxana escucha a Jimena, la cual está trabajando los doce pasos y ésta intenta enmendar el daño que le causó al ser la amante de su esposo.

Roxana se comporta con dignidad y no le dice nada. Sin embargo, queda impactada por las acciones de Jimena. En su mirada observa una paz inexplicable, la cual la hace preguntarse como puede una mujer que jugó el rol de amante como lo fue el caso de Jimena, haber encontrado finalmente una serenidad espiritual como la que ella observa en Jimena.

Roxana recuerda a Diego con dolor. Diego, es un recuerdo agridulce para ella y siente que debe dedicarse a velar por el bienestar de sus hijos ahora que se ha quedado sola con ellos.

Pasan los años, Roxana espera un tiempo prudencial para recuperarse de su doloroso pasado.

Decide no empezar una nueva relación hasta que Diego cumple cinco años de haber fallecido. Eso la ayuda a trabajar en sus problemas y traumas que le dejó el haber estado casada con Diego.

Una vez recuperada, Roxana decide confiar nuevamente en un hombre. Conoce a Ismael, el cual es un hombre completamente diferente a Diego. Ismael es un hombre sano, que la apoya con sus hijos.

Roxana medita en las palabras que Diego le dijo antes de morir y se da cuenta que esas palabras tenían un mensaje profético. Ismael es el hombre al cual Diego visualizó momentos antes de que falleciera.

Guía para las víctimas

¿Conoces realmente a tu pareja?

a. ¿Es él o ella quien controla todas las decisiones en la relación?
b. ¿Ingiere alcohol, drogas o sufre de ataques de ira?
c. ¿Te obliga a tener relaciones sexuales en contra de tu voluntad?
d. ¿Te aisla de tu familia y de tus amigos?
e. ¿Te hace escenas de celos y es muy posesivo?
f. ¿Te insulta frente a otros y te maltrata verbalmente o te humilla y se burla de ti?
g. ¿Te da patadas, bofetadas, empujones o te golpea?

Si has contestado afirmativamente a tres o más preguntas de este cuestionario, eres definitivamente una víctima de violencia doméstica y podría estar en peligro. Hay ayuda disponible en el lugar donde vives.

Llama al 911 e infórmate sobre los centros cercanos a tu casa donde te pueden ayudar. Hazlo discretamente sin que tu agresor se entere, no llames desde tu casa, llama desde una amiga o borra la llamada de tu celular.

No te quedes callada por pena o por "el que dirán"

Si eres una víctima de violencia doméstica, no te averguences, no te lo calles, todo lo contrario, busca ayuda, no tengas temor, díle a una persona de tu confianza lo que te está pasando.

Esta persona podría ser:
• Una de las maestras de tus hijos.
• Una persona voluntaria o trabajadora social que aboga en casos de crisis.
• Un pastor o sacerdote u otra autoridad religiosa.
• La policía o un detective privado.
• Un miembro de la familia.
• Un consejero de la escuela o un terapista profesional.
• Otra persona en quien tu confías, que guardará discrección.

¿Que se define por violencia doméstica?

Cuando una persona golpea, lastima, usa palabras groseras, y otras clases de violencia para hacer a otra persona que haga lo que él quiere, eso es considerado violencia doméstica. Las víctimas pueden ser personas casadas, divorciadas, solteras, viviendo en unión libre con un novio.

Recuerda que tu no tienes la culpa de ser una víctima de la violencia doméstica. Más de una en cuatro mujeres experimentan violencia en sus relaciones. Los hombres también pueden ser víctimas de la violencia doméstica por parte de sus parejas.

Los celos enfermizos

Los celos extremos y el control no son señales de amor verdadero. De un 30 a un 35% de las mujeres en edades de 15 a 19 años que son asesinadas, han muerto por las manos de sus abusadores.

La violencia doméstica sucede porque los abusadores creen firmemente que tienen derecho a golpear a sus parejas y que ellos deben estar en control de su mujer en todo momento.

Un número de teléfono muy importante

El del departamento de la policía o el 911 ó el número de su policía local.

MITOS Y REALIDADES DE LA VIOLENCIA DOMÉSTICA

Mito Hay la tendencia de creer que la violencia doméstica, no es algo que ocurre con frecuencia.

Realidad Cada 7 segundos una mujer es golpeada en los Estados Unidos. Anualmente se reciben alrededor de 87.000 llamadas en Estados Unidos para reportar incidentes de violencia doméstica.

Mito La violencia doméstica solo le ocurre a las familias con recursos financieros muy limitados.

Realidad No hay una clase social en particular que tenga un mayor número de incidentes de violencia doméstica. En todas partes del mundo, raza, religión y edad se reportan casos de violencia doméstica.

Mito El alcohol y las drogas son la principal causa de la violencia doméstica.

Realidad La violencia doméstica no es causada por drogas o alcohol. Los abusadores usan como excusa el haber ingerido alcohol y drogas para justificar sus actos. Otros usan el pretexto de haber explotado en furia por no tener alcohol o drogas en sus domicilios.

Mito La falta de control del enojo es una de las causas mayores de la violencia doméstica.

Realidad La violencia doméstica no es causada por falta de control del enojo. El abusador usa la ira como un pretexto para intimidar a la víctima y conseguir control sobre ella.

Mito La baja autoestima de la víctima y del abusador causa la violencia doméstica.

Realidad Los abusadores no tienen baja auto estima. Ellos se creen poderosos y piensan que están en control sobre su víctima. Los abusadores fingen ante otros tener baja auto estima para hacer creer a sus familiares que el hecho violento no fue provocado por él.

Realidad La mayoría de los abusadores buscan mujeres que tienen bajo auto estima. Algunos abusadores buscan a mujeres con baja auto estima, porque ellos creen que las mujeres que no se sienten valiosas se culpan fácilmente y no los delatarán.

Mito Muchos de los asaltos que se reportan son en su mayoría bofetadas o pellizcos.

Realidad Por lo menos el treinta y cinco por ciento de mujeres admitidas en los hospitales a travez de la sala de emergencias son mujeres golpeadas brutalmente por sus parejas.

Mito Generalmente los incidentes de violencia doméstica solo ocurren una o dos veces en la misma pareja.

Realidad La violencia nunca decrece, al contrario, siempre escala conforme pasa el tiempo. Las explosiones ocurren con una mayor frecuencia y los incidentes son mas violentos.

Mito Algunas mujeres escogen ser abusadas. Ellas piensan que se lo merecen y por eso saltan de abusador a abusador.

Realidad Ninguna persona quiere ser abusada. Todo ser humano desea vivir una vida libre de violencia. Nadie quiere convivir con un abusador. Las víctimas que han tenido parejas que las han abusado son generalmente culpadas por la violencia. En la mayoría de los casos son culpadas por la violencia de los abusadores. El abusador en el principio busca la táctica de romanticismo para enamorar a la mujer y luego tomar control sobre ella.

Mito En la mayoría de los casos los hijos no se dan mucha cuenta cuando sus padres tienen incidentes violentos.

Realidad Estudios demuestran que en general los hijos se dan cuenta de los hechos violentos que están dirigidos a alguno de sus padres.

Mito Los hijos no corren ningún peligro de salir heridos o maltratados en un incidente de violencia doméstica.

Realidad Los abusadores que maltratan a su pareja muchas veces abusan a sus propios hijos. Mantener la familia unida en un ambiente de violencia doméstica no es ser buenos padres. La víctima debe huir con sus hijos y liberarlos de las agresiones y de los traumas emocionales que las acciones violentas traen a sus vidas.

Mito Los hijos que son testigos de los incidentes violentos en sus hogares, se convertirán en abusadores.

Realidad Los estudios demuestran que solamente un treinta por ciento de los hijos que son testigos de la violencia doméstica, escogen ser abusadores cuando llegan a la edad adulta. Esto quiere decir que el setenta por ciento no se convierten en abusadores , todo lo contrario, crían a sus hijos en ambientes saludables y muchos escogen profesiones tales como psicología, servicio social o medicina para ayudar a las víctimas de la violencia doméstica.

Realidad La violencia doméstica es un crimen castigado por la ley. Nadie tiene derecho de golpear a otra persona. El que golpea es arrestado en cualquier lugar en mundo.

Realidad La violencia doméstica conlleva al asesinato. Un setenta y cinco por ciento de las mujeres asesinadas en el mundo, mueren en manos de sus ex maridos, sus novios, amantes o esposos.

Realidad Los incidentes de violencia doméstica devengan un costo de tres a cinco billones anuales en los Estados Unidos y unos cien millones más en servicios en las salas de emergencia.

Perfil de un Abusador

Hay ciertas señales de alerta que deben observarse para identificar a una persona con características de abusador. Previamente a cometer un asalto violento, el abusador muestra sus tendencias abusivas por medio de ciertos comportamientos que identifican el perfil del abusador. Estos comportamientos son generales para todos los abusadores y son cinco:

1. Encanto

El abusador, al principio se muestra ante su víctima con una personalidad encantadora. Los golpeadores pueden ser personas muy románticas y muchas de las mujeres que han sido golpeadas por uno de ellas han descrito a sus abusadores como príncipes en un cuento de hadas, que las cautivaron con su personalidad cuando los conocieron.

Generalmente son personas que se muestran agradables, amables y con cierto carisma que los hace parecer gente muy buena en frente de la familia de sus víctimas.

Los abusadores generalmente usan este encanto para obtener información sobre su víctima para usarla luego en su beneficio. Por ejemplo ellos investigan si su pareja ha sido abusada en el pasado y si ella respondiera que si, el abusador hace comentarios negativos sobre la persona que la abusó en el pasado, aparentando un gran enojo contra aquel individuo.

Cuando este nuevo abusador comience a comportarse abusivamente le dirá a su pareja que ninguna persona le va a creer que es cierto pues ella ya comentó sobre otros abusadores en el pasado y que ella es la culpable de los incidentes y no sus parejas.

Además le dirá que otros la han golpeado porque se lo tiene bien merecido por sus acciones. Si su pareja usó drogas en el

263

pasado, el abusador la amenazará con reportarla para que pierda a sus hijos. La amenaza de quitarle sus hijos es una de las más comunes que los abusadores utilizan para mantener el poder y control sobre sus víctimas.

2. Aislamiento

Una de las principales características de un abusador es aislar su víctima geográfica y socialmente.

Generalmente trasladan a su mujer lejos de donde vive su familia y amigos para eliminar el apoyo que la familia pueda brindar.

También aislan la víctima socialmente, no permitiéndole que salga con amigas o con su familia. El abusador pretende que su víctima salga únicamente con él.

El abusador decidirá con quien puede hablar por teléfono, cuales visitas puede recibir en su casa y con quien puede salir si no es con él.

Muchos abusadores dejan a su pareja encerrada en la casa mientras ellos salen a trabajar o a realizar cualquier tipo de negocio.

3. Justificaciones del abusador

El abusador tiene un buen concepto de si mismo. El piensa que es una persona diferente a los demás. El piensa que no debe seguir las normas sociales que todos siguen. Los abusadores comparten muchas características como demostraremos a continuación.

Un abusador jamás aceptará responsabilidad por sus actos, siempre tratará de justificar su comportamiento con excusas.

Los abusadores no aceptan responsabilidad por sus actos sinó que tratan de justificar su comportamiento por medio de excusas, por ejemplo dicen "tuve una infancia traumática" "mis padres me golpeaban constantemente sin razón" "perdí el control cuando la vi conversando y sonriendo con el cartero" "no podía permitirle que me hablara en la forma que lo hizo y no tenía otra opción".

4. Culpando a la víctima

El abusador algunas veces también golpea a sus propios hijos y justifica sus acciones culpando a su víctima por causar su enojo.

Por ejemplo dice: "si no te hubieras metido, cuando yo disciplinaba a mi hijo (a) a mi no se me hubiera pasado la mano y no lo hubiera golpeado tan fuerte".

5. El abusador es un ser prepotente

Los abusadores muchas veces se ufanan que ellos saben lo que otros piensan o sienten. Esto les ayuda a justificar su comportamiento, diciendo que su pareja le está siendo infiel y que los piensa dejar y que por eso ello actúan como actúan.

Por ejemplo usan esa estrategia para manipular a su víctima. Dicen algo así como: Yo sabía que estabas pensando que yo estaba durmiendo con alguien más por eso decidí quedarme con mis amigos. De todas maneras, te iba a encontrar enojada.

El ciclo de la violencia doméstica

Las etapas del ciclo de la violencia doméstica

La violencia doméstica puede parecer para muchos una explosión que podría suceder en cualquier momento debido a las diferentes circunstancias por las que atraviesa cada pareja individualmente.

Sin embargo los estudios demuestran que la violencia doméstica sigue un patrón que es típico no importando donde ocurre, cuando ocurre y a cuales personas envuelve.

Este patrón de conducta o ciclo, como queramos llamarlo, se repite una y otra vez y el nivel de violencia nunca decrece, por el contrario, aumenta cada vez más. En cada una de las etapas de este ciclo, el abusador está en total control de si mismo y está trabajando en su meta de debilitar más y más a su víctima.

El entender las etapas del ciclo de la violencia doméstica y los pensamientos del abusador ayuda a las víctimas sobrevivientes a no sentirse culpables por la violencia y a comprender que el abusador es el único responsable de los incidentes.

Podríamos resumir estas etapas en: Tensión, explosión y la etapa de la luna de miel. La etapa de la luna de miel desaparece cuando el ciclo toma una mayor velocidad y aquí es donde la mujer corre un mayor peligro.

La tensión

La tensión define la etapa en la que el hombre llega a su casa malhumorado y cualquier cosa que su esposa le diga lo disgusta y la situación se siente tensa tanto para él, ella, los hijos y las personas que vivan con ellos.

La explosión

La explosión es seguida de las palabras que algún miembro de la familia o sea la víctima pronuncie y haga explotar al abusador quien está esperando la excusa para explotar en furia.

Las explosiones pueden presentarse con golpes en la mesa, puertas tiradas violentamente, una ventana quebrada con su puño o por medio de lanzamiento de objetos que demuestren el control del abusador e intimide a sus víctimas.

También puede agredir a su víctima golpeándola, empújandola, pellizcándola o hiriendola con una arma de fuego o cortante.

La luna de miel

En esta etapa de la luna de miel es donde el abusador demuestra su arrepentimiento y le ruega a su pareja que lo perdone que nunca más va la va a agredir.

Le demuestra su arrepentimiento invitándola a salir, llevándole chocolates o flores

LOS CUATRO TIPOS DE ABUSOS

Existen cuatro tipos de abuso que caracterizan a la violencia doméstica y estos son, el abuso emocional, verbal, sexual y físico.

El abuso emocional y el abuso verbal van mano con mano y en la mayoría de los casos son los abusos que proceden a los golpes físicos.

Abuso emocional

El abuso emocional ataca el auto estima de la víctima para hacerla sentir que ella no tiene otra salida que quedarse con el abusador. El abusador hace bromas hostiles sobre los hábitos y faltas o errores de las mujeres.

El abuso emocional presenta las siguientes características:

No toma en cuenta a los sentimientos de la víctima.

Usa su control para castigar a la víctima

Aisla socialmente a la víctima, mudándose lejos de sus amigos y familia.

Culpa a la victima por todos sus problemas y fracasos.

Deja de hablarle a la víctima para desesperarla.

Pasa horas limpiando armas o cuchillos en frente de la víctima.

El abuso verbal

Le grita a la víctima.

Insulta a la pareja llamándola, loca, perra, estúpida.

Humilla a la víctima frente a miembros de la familia y otros.

Culpa a la víctima por todos sus problemas y sus fracasos.

Amenaza con violencia física contra sus hijos u otros miembros de la familia.

Se burla de la víctima en su rol que tiene como madre, esposa, trabajadora, etc.

Demanda toda la atención de la víctima.

Constantemente la acusa de tener amantes y le arma escenas de celos.

Se burla o ignora la historia de la víctima, su herencia familiar, religión, valores.

Golpea la pared y no a ella para exhibir poder.

Destroza objetos personales de la víctima que tienen valor sentimental

Amenaza, mata o tortura las mascotas de la víctima.

Amenaza, con suicidarse si la víctima no hace lo que él quiere.

Amenaza con matarla a ella o a los niños.

Abuso físico

El abuso físico también puede presentarse en una forma pasiva, el abusador puede descuidar las necesidades básicas de su pareja y de sus hijos tales como pagar la renta, comprar la comida, pagar la electricidad o no teniendo intimidad con ella.

Cuando el abusador desea abusar a su pareja físicamente lo hace por medio de golpes, pellizcos o apretones. Cada vez que se repite el abuso físico se vuelve más intenso y violento y al principio golpea a la víctima en lugares no visibles pero cuando no lo responsabilizan por sus hechos toma más confianza y no se preocupa por los lugares donde golpea a la víctima.

A continuación presentamos una lista de lo que es considerado abuso físico:

El abusador pellizca y aprieta a su víctima causándole dolor físico.

La empuja contra la pared o la avienta contra un mueble o la restringe de poderse mover.

La sacude y le jala sus cabellos.

La abofetea y la muerde.Le da golpes directos y patadas por varias partes del cuerpo.

Trata de estrangular a su pareja.

Le lanza objetos para herirla.

Abusa a los niños emocionalmente.

Le causa cortadas.
Le quiebra huesos o le hace lesiones graves en la cabeza.
Usa objetos de la cocina como armas para herirla.
Usa armas convencionales tales como un revolver o cuchillo.
Causa la muerte de la víctima a propósito.

Abuso Sexual

Los abusadores abusan a sus víctimas sexualmente, obligándolas a tener sexo con ellos contra su voluntad. Las hieren en sus genitales con objetos cortantes o introduciendoles objetos que las maltrata. A continuación una lista de los comportamientos de abuso sexual del abusador.

El abusador no respeta a la víctima cuenta chistes indecentes sobre mujeres y de sexo en la presencia de su pareja.
Considera y dice en público que las mujeres son objetos sexuales.
Finge ser extremadamente celoso.
Critica a su mujer en términos sexuales
Toca a la víctima contra su voluntad.
Se rehusa a tener sexo con la víctima.
Se refiere a ella con términos tales como prostituta, perra o puta.
Exige relaciones sexuales con la víctima aunque ésta no lo desee.
Desviste a la víctima y la forza a desnudarse aunque los hijos estén presentes.
Forza a la víctima a ver películas pornográficas.
Forza a la víctima a satisfacer sus fantasías sexuales tales como tener a otra mujer en la cama.
Forza a la víctima a tener relaciones sexuales con él después que la golpean.

Como dejar una relación de abuso y maltrato

No es algo facil dejar una relación abusiva ni para la victima ni para el abusador. Varios pensamientos pasan por la mente de la victima mientras hace la decisión de dejar su relación abusive

Cuando haces la decisión de terminar con una relación abusiva debe mantener en mente lo siguiente:

Aunque no lo abandones, el abusador no va a cambiar

Si tu eres de los que cree que tu pareja va a cambiar algún día, estás equivocado. El abuso va a continuar y va a escalar. Los abusadores tienen problemas psicológicos y emocionales graves.

El cambio no ocurrirá y no dejará de culparte por tus hábitos de beber, por tu carácter, y por tu temperamento.

Tu no es la persona que lo ayudará

Si tu crees que puedes ayudar a tu abusador, es natural que lo quieras ayudar. Tu puedes pensar que eres la única persona que puede ayudarlo a resolver los problemas.

La verdad es que quedándote y aceptando el abuso una y otra vez, estás reenforzando su comportamiento y en vez de estarlo ayudando, estás empeorando el problema.

No creas en sus promesas

Si tu pareja te ha prometido que nunca más te volverá a agredir y que lo perdones diciéndote que él va a cambiar, podría ser que esté siendo sincero en el momento pero generalmente todos los abusadores vuelven a su comportamiento una vez pasa la etapa de la luna de miel.

Cuando el abusador toma control nuevamente se le olvida y se despreocupa de que tu lo ibas a dejar y ya no le importa volver a ser agresivo.

Los programas de rehabilitacion no garantizan una solución

Si tu pareja va a un programa para abusadores no hay garantía que ese programa lo haga cambiar. Muchos abusadores van a consejería y continúan siendo violentos.

Si tu pareja deja el comportamiento abusivo, debes decidir si te arriesgas a seguir con él basado en el tiempo presente sin pensar que podría pasar en un futuro.

Se siente intimidada de abandonarlo?

Si eres es de las que se preocupa que hará tu pareja, cuando lo abandones probablemente lo pensarás dos veces antes de dejarlo. Talvez tengas miedo sobre lo que podría pasar cuando tu lo abandones.

Talvez tengas mucho miedo sobre tu reacción y lo que él pueda hacer en tu contra. También podrías preocuparte como va a mantener a tus hijos.

No permitas que estos temores interfieran en tu decisión. Piensa que si te quedas en esa relación tu vida está en peligro y estás viviendo un matrimonio muy disfuncional y le estás dando un muy mal ejemplo a sus hijos.

HECHOS HISTÓRICOS SOBRE LA VIOLENCIA DOMESTICA CONTRA LA MUJER

1971 En Inglaterra se abrió el primer shelter o refugio para la mujer.

1972 En Minesota se abrio la primera linea telefonica de emergencia para que las mujeres abusadas pudieran llamar mientras que en Pasadena California, se abría el primer refugio para las mujeres golpeadas de ese estado.

1974 En Inglaterra se publica el primer libro que habla de la violencia domestica desde el punto de vista de una mujer agredida.

1976 Se publica el primer directorio telefonico, ofreciendo numeros de organizaciones que ayudan a la mujer abusada. En Pensylvania se crea el primer centro que extiende ordenes de proteccion a las mujeres abusadas. Nebraska es el primer estado que le impone castigo a los abusadores.

1978 Se firma el Acta de Prevención y Servicios en Violencia Domestica.

1979 Se inaugura la oficina de violencia doméstica en el Departamento de Salud y en Servicios Humanos de los Estados Unidos.

1980 Se establece en Octubre la semana de concientización de la Violencia Doméstica y posteriormente en 1987, se convierte en el Mes en contra de la Violencia Domestica.

1984 El Acta de Prevención y Servicios en Violencia Domestica se convierte en ley.

1985 El primer caso federal llevado a corte en donde una mujer demanda a la ciudad porque la policía fallo en protegerla del abuso del esposo. Ella quedo parcialmente paralizada por las heridas de cuchillo infligidas por su esposo y gana la demanda por dos millones de dolares.

1987 Se establece la primera línea grátuita nacional de Violencia Domestica.

1998 El Servicio de Inmigración y Naturalización reconoce la violencia domestica como un caso legal para solicitar asilo en los Estados Unidos.

1991 Quinientas mujeres marcharon en la capital del estado de Minnesota, llevando veintisiete siluetas rojas representando las mujeres que murieron por causa de la violencia domestica en Minesota como resultado de violencia domestica.

1992 La Asociación Medica Americana le da indicaciones a los doctores que revisen a las mujeres por si muestren señal de ser victimas de un caso de violencia domestica.

1993 Las Naciones Unidas reconocen la violencia doméstica como un problema internacional y una resolución similar es publicada por la Organización de Estados Americanos   El Departamento de Policía de Chicago es el primero y único en establecer un programa de apoyo a las victimas que tienen una pareja que es policía.

1996 La línea de ayuda nacional de violencia doméstica (1800-799-SAFE) responden a 8,841 llamadas durante el primer mes.

1997 El presidente Clinton firma una ley contra el acecho y lo declara una ofensa federal.

1998 Se establece en Chicago la línea gratuita de Ayuda de Violencia Domestica, 24 horas del día, 7 días de la semana en varios idiomas.

2000 La Ley Contra la Violencia a la Mujer del 2000 es aprobada y autoriza de nuevo el financiamiento para entrenamiento, mas programas para las mujeres maltratadas y sus hijos. $3.3 mil millones fueron autorizados para los años 2000-2005.

2002 En Chicago se aprobó un financiamiento, para construir una corte mas segura para casos de violencia doméstica.

2003 La línea gratuita de ayuda en Chicago, sirvió un promedio de 1,700 llamadas por mes.

2010 En todos los países del mundo el agresor es arrestado y encarcelado. La mujer tiene la opción de refugiarse en un albergue junto con sus hijos y rehabilitarse por medio de programas gubernamentales que la ayudarán a retomar su vida por medio una carrera profesional.

Printed in Great Britain
by Amazon

41987370R00158